美国中小学读写教学指导译丛

特邀学术顾问 郝建平
主编 程可拉 胡庆芳

教会学生记忆

U0740549

JIAOHUI XUESHENG JIYI

[美] 玛丽琳·斯普伦格 (Marilee Sprenger) 著

刘红梅 刘 欣 译

程可拉 审

教育科学出版社

·北 京·

寄语美国中小学读写教学指导译丛：

读写技能的掌握关乎民族未来，
知行经验的传播成就全球精彩！

中国教育学会外语教学
专业委员会副秘书长

郭建平

读写教学：为学生一生的发展奠基

　　语文是人际交流和思想传播最重要的工具，是人类文化的重要组成部分。工具性与人文性的统一，是语文学科的基本特点。基础教育阶段语文教学的主要目标是，打好学生的语文基础，训练学生的创新思维能力，培养学生听、说、读、写、记的综合能力。阅读是学生理解语言文本的主要方法；写作是学生对所学语文知识的具体运用，同时也是对听、说、读、记的具体表现。《全日制义务教育语文课程标准（实验稿）》指出，语文教学的任务就是致力于"学生语文素养的形成与发展"。"听说读写能力"是"语文素养"的重要组成部分，而语文实践能力的培养又有赖于行之有效的掌握与实践。在语文教学中，教师应如何引导学生学会阅读，应教给学生什么样的阅读方法，从而收到事半功倍的效果？教师应该教给学生哪些行之有效的写作方法，以及如何培养学生热爱写作的情感和勤于写作的习惯？这些都是广大教师在新课程广泛而深入推进过程中积极思考和力求通过探索实践来回答的问题。

　　美国政府一直很重视中小学生的阅读与写作教学。"实用"也一直是美国教育的核心内容。在美国人的观念中，"一个人读写水平的高低，决定着他知识总量的多少，知识总量的多少决定着他工作质量的优劣，而工作质量的优劣，直接决定着他薪金的高低"，换言之，"读写能力本身就是一种经济财富"。克林顿政府于 1994 年向国会提交并获得通过的《美国 2000 年教育目标法》中特别强调"所有的美国儿童都要做好入学前的学习准备"。1997 年 2 月 4 日，克林顿总统在国情咨文中提出，"本届美国政府的首要任务就是要使全体美国人能够受到世界上最好的教育"，并对全美教育提出了三项任务，其中一项就是要使全美 8 岁儿童学会读和写。为此，克林顿还动员近 100 万校外辅导员和在职教师一道帮助在校学生过好读写关。新世纪伊始宣誓就职的小布什政府提出了"不让一个孩子掉队"的教育改革计划，再次强调了读写基本能力培养的重要性，着力推行的阅读优先计划（Reading First）具体包括：关注低年级阅读，实施早期儿童阅读教学；以科学研究为基础，为幼儿园到小学二年级儿童建立综合阅读课程；采用以研究为基础的儿童早期阅读教学等。

2007 年 11 月 2 日，美国联邦教育部部长玛格丽特·斯佩林斯（Margaret Spellings）在联邦教育部、佛思特图书机构（First Book）和汤森出版社（Townsend Press）联合发起的"2007 年青少年阅读计划"（2007 Adolescent Readers Initiative）的启动仪式上郑重宣布，"全美学生成绩报告卡让我们坚定了一个常识：学生在阅读方面花的时间越多，他们在校的学业表现就越良好。"①

在美国政府强有力的读写计划推动下，美国各州中小学教师在课堂教学中进行着坚持不懈的探索和实践。美国的读写教学从"实用"出发，强调"以交流运用为手段对学生进行语言培养"。交流本身就是一种综合活动，它涉及一系列同时执行的技巧。在实际的交流运用中学习语文，培养语言能力，即把读、写、听、说训练放在特定的文化环境之中，使语言在各种有意义的经历和活动中真实化、实用化，也使学生在实际运用中学会必需的语言技能、技巧。学生与伙伴或者小组成员一道学习知识、研究策略并互相影响，还会使他们对语言产生一种新奇感，并乐于高效以及富于想象地使用语言。

在语言培养的同时，美国的读写教学还十分重视"向学生传授生活中运用语言的基础知识与技能"。不仅考虑学生本身，还考虑周围环境的接受情境。如要求学生意识到怎样体现语言的条理性，怎样使人们有意义的交际成为可能；了解语言环境怎样影响语言的结构和运用；理解语言在一个民族的族员之间成为一种认同和沟通的

---

① http://www.ed.gov/news/pressreleases/2007/11/11022007b.html（2007 年 11 月 5 日）.

力量；甚至要求学生能针对不同的语境和不同的观众选用适当的表达方式，有效而融洽地参与到小团体或更大群体的交流中；要求学生以有条不紊和有说服力的方式进行辩论；学会揭示和评价各种交流信息的手段，包括表达时的语调、停顿、手势以及态势语等。①

本着打开国际读写教学有益经验的视窗和促进国内教师读写教学能力提升的良好初衷，我们在繁荣的国际学术出版市场上努力精选了一些在读写教学领域理论创新性和实践指导性兼优的精品著作，力求及时高质量地翻译和推介给国内同行。首批将推出四本，即《教会学生阅读：方法篇》《教会学生阅读：策略篇》《教会学生写作》和《教会学生记忆》。

非常感谢教育科学出版社对我们过去所做的比较教育研究工作的密切关注以及对承担本译丛主编工作的充分信任！我们也非常荣幸地邀请到了中国教育学会外语教学专业委员会副秘书长郝建平女士出任本译丛的学术顾问！

我们还要衷心感谢各位译者在繁忙的教学科研之余，保持高度的合作热情，远离浮躁与功利，安心于书斋，孜孜不倦于异域文化和思想智慧的传递！

我们真诚地期望正在阅读这套译丛的广大专家和同行多与我们联系，给我们提出宝贵的意见和建议，closetouch@163.com 永远期待着您智慧的声音！

程可拉　胡庆芳

---

① http://www.hdavec.org/news_show.asp? f_id=850&wt_id=4361 (2008 年 3 月 1 日).

致　谢

　　本书的出版得益于许多研究学者、同事和朋友的帮助，他们为此付出了大量的时间和精力，在此，对他们的支持表示衷心的感谢。为了寻求答案，解决诸如大脑如何进行记忆，以及人们为什么无法记忆等问题，许多记忆研究学者不辞劳苦地辛勤工作。我要感谢丹尼尔·莎克特在此领域所作的研究和所出版的有关刊物，以及他为检验记忆过程的七个步骤而投入的时间和给予我的鼓励。

　　鲍勃·马扎诺（Bob Marzano）、简·E. 波拉克（Jane E. Pollack）和黛博拉·皮克林（Debra Pickering）等人的辛勤劳动在推动学生取得更高成就方面起了巨大的作用，我们因此也获益良多。就职于两河职业发展中心的朋友们和同事们也不断地鼓励我，在此特别感谢盖尔·欧文（Gail Owen）对我工作的肯定和为我付出的宝贵时间。

　　我衷心地感谢课程发展监督局的所有工作人员对我的帮助，尤其是卡罗林·普尔（Carolyn Pool）和斯考特·维力斯（Scott Willis），感谢他们对我工作的支持、鼓励与配合。

　　我还要向我的学生们表示感谢，因为他们给了我很大的启发。同时，我也要对许许多多的教师表示感谢，他们在教学岗位上孜孜不倦的耕耘对我产生了积极的影响。

　　最后，我要谢谢我的母亲莫莉·布洛默斯（Mollie Broms）和我的丈夫斯考特（Scott），感谢他们在不厌其烦地阅读本书手稿中，为本书提供的宝贵意见和对我的全力支持。

前　言

　　波比和科里都是我的学生。波比是个品学兼优的好学生，他或许是我所认识的国际象棋棋手中最年轻的一位了。他希望将来像父母一样做个医生。和波比不同的是，科里对学习不大感兴趣，他用于玩滑板的时间多于学习的时间。说真的，我从没见过这么出色的滑板好手。据我所知，科里对父亲的了解很少，甚至连他在哪里或做什么工作都不知道。他的母亲没有工作，待在家里照看小孩。因此，我对他在学校的学习情况表示担忧。现在我找了个机会和他们坐在一起聊天，以便弄清楚两人是如何学习的。

　　"科里，你怎么能滑得这么棒呢?"

　　"因为我经常练习。"他说。

　　"那你是如何开始对它感兴趣的呢?"

　　"我也不大清楚，"他回答，"看见别人踩滑板玩花样，我觉得那样很酷，就叫哥哥给我买了块滑板来练习。"

　　"这么说，你是先看见别人滑才买滑板来练习的?"

　　"没错，那时我认为玩滑板很有意思，而且也相信自己能学会。"

　　"谢谢你，科里。波比，你是如何开始对国际象棋产生兴趣的呢?"我问。

　　"我对象棋的兴趣是从看了一场名叫《王者之旅》的电影之后开始的。片中的主角波比·菲雪尔的出棋速度极快，我觉得他棒极了。恰好我爸爸的家庭办公室里有块棋盘给我练习，我还找了些有关象棋的资料来读，然后就开始学下棋。"波比说。

　　"你想做波比·菲雪尔第二吗?"我问他。

　　"也许是吧。"他害羞地说。

"我还想了解一下你们学踩滑板和下象棋的整个过程。科里，你先看见别人踩滑板，然后你刻苦练习，直到自己熟练掌握了踩滑板的技巧。我说对了吗？"

科里点了点头："如果你想滑得出色，就得把它放在心上，而且还要经常练习。"

"你们练习踩滑板或者下象棋的时候怎么知道自己做对了呢？"

"我踩滑板时不再撞伤膝盖和手肘，或者摔伤手腕，就说明我掌握了要领。"科里笑着说。

"至于下象棋，从我下棋的输赢结果就可以知道。"波比说出自己的见解。

"你们说得好极了。我们再来看看你们的学习过程。先发现某事，把它放在心上，并尝试着去做。通过输掉一盘棋或者玩滑板时摔伤获得一些反馈，你们再反复练习，直到自己熟练掌握滑板或下棋的技巧。是这样的吗？"

"没错。我还可以通过参加比赛来提高自己的水平。"波比说，科里也点头附和。

"那么你们是如何准备一场比赛的？"我问他们。

"我会复习平常下棋的方式，不仅是用脑记住，还要多练习。"波比回答说。

"我也是，"科里补充说，"我反复练习跳跃，尽可能地练一些有创意的动作，这样才能在比赛中获得好名次。"

"下象棋也要有创意。"波比说，"我爸爸的下棋方式就很怪，我要下赢他很费劲。有时我要下赢一个业余象棋选手并不容易，因为他们没有经过正规训练，所以经常不按棋理出棋。"

"这么说，你们需要反复练习，让自己达到最佳状态，然后再练习那些有创意的动作或模式？"我问他们。

"对，就是这样。你还有其他问题吗？"科里好像急着要走。

"还有一件事。比赛的时候，即使你们赛前准备得相当充分，还有什么原因会影响你们的临场发挥吗？"

波比首先开腔："比赛的时候，我有时会很紧张，记不住下棋的要领。这时，我需要尽量地放松自己。如果我能在平时练习下棋的地方比赛，这是最好不过的了，我通常都能抓住机会赢得比赛。"

"他说的没错，"科里打断波比的话说，"在芝加哥的一个滑冰公园，我曾经尝试做一个难度很大的翻转动作，由于我根本不熟悉这个地方，所以我做了三次才成功。第二次跌倒的时候，我看着哥哥的脸，突然想起了他是如何教我做这个动作的，然后我在第三次翻转时做成功了。"

"谢谢你们。你们说的话对我很有启发。再见。"他们离开时，我微笑着对他们说。

这两个男孩和我分享了有关学习体系的秘密。两个性格迥然不同的学生却遵循着相同的学习模式——一人用于学习体能技巧，一人用于学习心智技巧，但两人的学习步骤却完全类同。他们的学习体系对大脑学习和记忆的方式有很大的意义。

本书并非试图讲授人脑生物学原理，因为有很多好书可以介绍这方面的知识。本书主要介绍如何在长时记忆里储存相关信息的七个记忆步骤，以及在各种不同的情况下如何提取该信息。还有一点需要明确的是，构建可提取的记忆需要一定的时间。

有些读者可能对有关大脑的术语非常熟悉，而那些对此感到陌生的读者可以参考附录 A 提供的"大脑简介"信息。更多的读者可能对记忆的七个步骤更感兴趣。我鼓励大家参照记忆过程的诠释来检验这些步骤，能够具体说清楚某事物的工作原理往往有利于"脑兼容教学的可行性"这一术语的扩展。

我非常认同史蒂芬·柯维（Stephen Covey, 1989）提倡的"以始为终"的习惯。他在《高效能人士的七个习惯》中说道："以始为终的意思是人们从一开始就明确自己的目的。只有知道自己的目的是什么，才能更清楚自己现在应该做什么，这样才能保证自己采取的每一个步骤都是正确的（p. 98）。"如果教师已经明确学生需要记忆的内容，就可以成功地教会学生如何记忆的方法。而教师如何使该教授过程更加富有成效和令人难忘、更能促进学生的学习，本书可以在这方面提供帮助。

我在写这本书的时候作了以下几个假设：

·教师在教授学生如何记忆和转移记忆之前就得确定需要记忆的内容。

·教师继而制定考核标准。

·教师为学生制定明确的学习目标。

·教师制定明确的学习过程与教学步骤，以引导学生实现其学习目标。

·教师向学生展示一些可运用于现实生活中的重要信息。

·教师使用脑兼容教学策略。

·尽管机械性记忆在教学中起一定作用，但教师的教学目的是让学生理解概念。

教师应该给学生设定明确的学习目标

斯坦福大学曾经做过一个用来测定人们是否能抑制冲动的实验：如果 4 岁的孩子们能耐心地等待某人完成一项任务回来，就可以拿到两颗棉花糖；如果他们不能等那么长的时间，只能拿到一颗棉花糖（Goleman，1995）。而我在一组学习小组成员当中做的"棉花糖实验"则有所不同。当他们来我这里登记并坐下来之后，我给每人都发了一颗棉花糖，但不允许他们吃掉。我宣布："我们要做的任务很简单，就是把棉花糖丢到桶里。我相信每人都可以做到。大家准备好了吗？开始！"

他们都坐着没动。有一两个人问："我想知道桶在哪里？如果没有桶，我们怎么能把棉花糖丢到桶里呢？"

我微笑着说："哦，我知道了，你们是需要一个目标吗？"大家都点头称是。我从椅子后面拉出一个大桶，拿着它在教室里走动，说："桶在这里，准备好了吗？开始！"这次只有几个人把棉花糖丢到桶里，而大部分人却坐着不动。

"还有什么问题吗？"我问他们。

"你拿着桶走得太快了！要把棉花糖丢中一个移动的桶（目标）

很难!"有些人说。

"那么,你们的意思是不仅需要一个很明确的目标,还要求它是静止不动的?"我问。

他们都说是。接着,我把桶放在地上,再次对他们说:"准备好了吗?开始!"这次,棉花糖在空中飞舞着。结果是只有几颗飞进了桶里面,而大部分的棉花糖都飞在桶外了。

"如果我把这次的成绩录入你们的永久档案,你们是否愿意?"我问他们。

我的建议遭到了他们的否决。由于在这之前他们根本没有练习过类似的活动,所以他们都认为我给这个成绩对他们不公平。

上述的例子说明,教师需要给学生制定明确的学习目标:教师对学生有什么要求。这就进一步涉及教师要求学生做多少练习、使用不同的教学策略和提供大量的反馈。事后,我对这组人员进行了国家(州)标准测试,并用了一整天的时间和他们讨论如何调整教学计划、帮助学生复习以及如何考核学生。我留给他们回家做的第一份作业和目标练习有关。他们要解释清楚哪些是他们要理解的概念知识、哪些是需要师生一起探讨的。教师应该每天都把学生要做的事情写在白板上,以便大家都可以明确他们要做的事情。

"向前迈两步。"

"妈妈,我能行吗?"

"不,你也许做不到。"

这种方法叫做逆向设计(Wiggins,McTighe,1998)、以始为终(Covey,1989)或者是制定明确的目标(Stiggins,2001)。教师制定的考核标准和设计的教学活动应该符合教学目标要求。为了做到这一点,教师在开始教学之前,需要选择和制定考核标准。逆向设计法要求学生进行有目的的学习。因此,如果学生从一开始就明确其学习目标,就可以根据教师清晰的目标进行有目的的学习。

在讨论具体的记忆步骤之前,我想先论述以下几个步骤。如果某些教师已经具备了一套适合自己的教学程序，那么他们可以继续使用。如果没有，下面的教学程序可能对其教学有所帮助。按照该程序，教师可以从提出要求开始到教学计划结束。

①要求：这是教师要求学生达到的目的、标准、目标，或者成绩要求。

②持久的理解力：教师要求学生理解什么内容？教师的教学目的是什么？

③基本问题：教师提问学生需要理解的内容，如"为什么"或者"怎么做"，这些开放式的问题有助于学生进行探究式学习。

④依据：学生如何向教师展示或表达他们对问题的理解？

⑤考核：教师制定考核标准并使之与学生的理解力相符合。

⑥切入点：教师如何从"大要点"入手，把它分解成小要点以吸引学生的注意力。

⑦教学计划：教师按照本书的七个记忆步骤设计的教学活动应该和教学目的、考核标准挂钩，以教会学生形成长时记忆和实现记忆转移。

范例

要求：学生使用多种技术和信息来源（如图书馆、数据库、网络、视频等）来收集、合成信息，进而创建和传递信息。

持久的理解力：知识就是力量。

基本问题：从各种渠道收集信息的能力。如何能使学生学到更多的知识？

依据：学生除了通过调查报告展示他们收集信息的能力之外，还要通过书面测验来显示他们对信息的理解。

考核：调查报告可以说明学生具备了评价与合成信息的能力，以便他们进行知识创建和信息传递。书面测验则可以考核学生对数据库、网络、图书馆和人力资源等信息的了解情况。

切入点：学生为什么需要收集信息？他们是如何与他人共享信

息的?

教学计划：通过讲授记忆的七个步骤帮助学生实现记忆的转移，有助于学生通过不同的渠道体验知识是怎么变成力量的。

起步阶段

实质上，教师承担着州或地区政府的教育要求，并为其制定教学目标。学生学习的目的就是为了获得持久的理解力。在此基础上，我们确立了让学生内化所学知识的理念。但是，此理解力既不能通过询问来发现，也不能通过教授来获得。

如果教师希望通过提出基本问题来帮助学生理解问题，他们在许多资料里都可以找到这些问题。简·伦纳德（Jan Leonard，2004）是一位致力于提问策略和探究式学习的教育顾问，他研发了一个指导教师如何使用该策略的网站。伦纳德提议教师使用以下的步骤提出某个单元的基本问题：

· 明确此单元话题（如，美国内战）。

· 明确此单元的次话题（如，领导、著名战役、地下铁道、原因和结果）。

· 明确一些概念或要点，即学生们在学完某个单元之后能轻而易举地掌握的内容，而这些概念和要点与州政府所制定的学习标准正好互相衔接（如，阐明竞争个体之间或竞争团体之间的权利和自由的冲突，以及它对子孙后代的影响）。

· 用问题的形式重述概念，用"为什么"、"怎么样"、"可能"、"哪一个"来开始提问（如，美国内战对今天的世界格局产生了怎样的影响? 美国内战中的哪起事件对战后影响最大?）。

教师提出这些基本问题之后，进而让学生进行实践以理解知识。教师接着需要制定考核标准，再决定如何讲授事实性知识和概念性知识。通过学生对基本问题的回答，教师可以了解学生是否理解了他们所学的知识，而这一切都得益于教师所设计的各种教学环节。

学习的因素

关于认知神经系统科学的研究，发现了一些促使人们成功学习新任务和概念的混合因素（Arendal，Mann，2000）：

学习频率：神经通路的发展和加强需要反复地学习。研究证明，阅读量越大，阅读理解力就越好。同样地，如果你只是偶尔练习举重，那就无法锻炼出结实的肌肉。如果你定期练习举重，就能获得理想的健美身材。

学习强度：要想取得好成绩，学生需要刻苦地学习。如果学生加大学习强度，就可以在短期内建立对该技能的神经中枢支持。例如，我女儿参加芝加哥马拉松比赛训练的时候，为了使身体适应26.2英里长跑的强运动量，她需要加大锻炼强度。

交叉训练：教授记忆需要能够互相连接的强大网络。因此，教师应该使用不同的教学策略和记忆模式对学生进行交叉训练。

适应性：教师在教学生如何记忆的时候，需要考查学生取得的进步，并调整自己的教学来适应学生的不同需求。换句话来说，教师对不同的情况需要区别对待。

动机和注意：这是促使学生对学习感兴趣的两个因素。教师使用不同的策略可以帮助激发学生的学习兴趣。它们也影响着学生的学习频率和学习强度。

教师教授记忆的七个步骤应该和几个神经科学因素与另一个同等重要的因素即持续时间等，三者结合在一起。每个步骤都具有重复性，因为代表每个步骤的英文单词都以前缀"re"开头，这意味着"再次"或"后退"。记忆是一个需要花时间反复温习的过程，也是帮助人们及时回忆的过程。正如詹姆斯·马修·巴里（James Matthew Barrie）所说："上帝赋予了我们记忆的能力，因此即使在12月我们也可以看到玫瑰花。"

记忆七步走

第一步，了解学生，也可以说是接受学生，但后者与前者相比似乎带有"不主动接触"的意思。由于教师有责任使每个学生都积极主动地参与学习，所以应该了解学生并对他们提供帮助；而学生也应该努力学习以取得进步。第二步是反思知识，可以解释为"回忆"。教师要求学生回忆相关信息，并形成对事物的新理解。第三步是重编信息，教师要求学生用自己的语言解释并内化信息。第四步是巩固反馈，指教师帮助学生对所学知识进行"强化并加以巩固"。教师提供的反馈有助于学生了解自身的学习情况。第五步是运用知识，学生在这个环节可以把信息转化为长时记忆。第六步是复习知识，指再次温习所学的知识。第七步，提取记忆，是对记忆的实践检验。通过这七个步骤的学习，学生便可在大脑中形成关于知识的长时记忆，并运用高阶思考模式来解决问题（如表1所示）。

表1　学习周期或记忆周期的七个步骤

长时记忆	了解学生 反思知识 重编信息 巩固反馈 运用知识 复习知识 提取记忆	高阶思考

下面是每一个步骤的具体内容：

1. 了解学生　如果教师主动了解学生并与其沟通，就会促使学生更加主动地学习。研究证明，教师应该调动学生的学习积极性，使其主动参与学习。课堂教学应该以学生为中心，而非以教师为中心。发现式学习、基于问题的学习、专题研习和探究性学习等策略在学校里都得到很大程度的应用。任何信息如果需要储存于大脑都要通过感觉记忆来接收，因此教师在教学中需要考虑一些因素（如学生的学习注意力、学习目的、学习方式、情感和意义）对学生的影响。

2. 反思知识   曾经有人开玩笑说教学就是教师直接把自己的教案变成学生的笔记，根本不需要通过双方的大脑思考。在某些情况下，我相信学生只是机械地记笔记，没有反思教师给出的信息。教师给时间让学生仔细思考知识（K. Marshall in Rogers，Ludington，Graham，1997）有助于学生从新知识联想到旧知识，该工作记忆对信息的加工可以帮助学生思考高阶问题。

3. 重编信息   重编信息是大脑用不同的方式组织信息——它是记忆过程中的一个必要步骤。学生需要接收信息并内化该信息。通过对工作记忆的信息进行加工和提取长时记忆里的已学知识，学生可以内化信息，并借助语言、图片、声音或动作表达该信息。因此，使用此种方式生成的信息更利于学生记忆。经过重编的信息最后演绎成长期记忆，有助于学生理解概念知识。

4. 巩固反馈   在重编信息阶段，教师可以了解学生对知识的理解是否达到了他们提出的要求。教师提供的反馈循环使学生对概念知识的理解和记忆过程更加完善。动机性反馈、信息性反馈或发展性反馈在此阶段对巩固学生的知识起到了重要的作用。在学生对概念的误解转化为牢固的长时记忆之前，该步骤有助于教师纠正学生的误解。

5. 运用知识   机械识记和意义识记都可以帮助信息演绎成长时记忆和永久记忆。学生做不同的练习能促进他们进行更高阶的思考，如信息应用、分析和创建等。

练习策略和间隔效应有助于教师和学生培养最佳的练习技巧。此外，睡眠对于长时记忆的创建也非常重要。

6. 复习知识   运用知识有助于信息变为长时记忆，复习知识则有助于提取长时记忆并使其进入工作记忆而进行再次加工，最终该信息会再次转化为长时记忆。当教师帮助学生准备高难度的测试时，应该使教学指导、复习知识和考核标准三者相应地挂钩，给学生提供最佳的获取成功的机会。此外，教师帮助学生复习知识的时候应该教会学生有关的应试技巧。

7. 提取记忆 考核方式可以影响学生提取长时记忆的能力。长时记忆的提取不仅依赖于特定的暗示，还需要再认技巧和回忆。压力有碍于记忆的提取，因此教师应该适当地帮助学生减缓压力。

以下的章节将论述如何开展这七个记忆步骤、促进更高阶的思考以及大脑活动和大脑研究有什么联系等问题。教师可以按每个步骤的指示去做，根据大脑学习的方式来教会学生记忆的方法，利用基于研究的策略，使学生能在陌生的而出乎意料的环境里传递信息。我相信教师肯定可以成功地教会学生如何进行记忆！

思考环节

我建议教师在每次完成七个记忆步骤的每一步之后都进行自我反思。每章的结尾部分我都专门提到了一个思考环节。如果你还没有思考自己读过的内容，那么你可以在阅读该环节的同时对自己的教学进行反思。你在阅读本书时可能会想到一些问题。现在请思考：你如何回答自己想到的问题？这些问题和想出的答案与你的教学现状有什么联系？如果你在阅读本书的时候记笔记或划重点，请回忆相关的问题，并思考它们为什么这么重要？如果你需要了解更多的信息，可以翻到参考书目查询，或继续阅读其他的章节！

目　录

第一章　了解学生

如果教师不了解学生，就无法教学生

> 大多数人都认为，我们最喜爱的老师就是那个关心和
> （或）鞭策我们的人，一个认可和帮助我们的人。
>
> ——乔纳森·科恩（Jonathan Cohen）：《身心教育》

我要面对的是一个很棘手的班级，共有29名八年级的学生。学生的背景都很复杂。4个学生曾在其他学校被开除，2个学生的哥哥参与了帮派活动，17个学生来自单亲家庭，还有几个学生需要接受福利救济，1个学生的父亲至今还待在监狱里。

上学第一天，我先对他们反复强调《学生手册》里的规章制度。然而，有些学生却不怀好意地发出笑声，并说些不客气的话语——他们说得很小声，所以我根本听不到他们在说什么。接着，我把书发给学生，再收齐他们的紧急应变替代卡，就这样结束了一天。

第二天我决定给学生们阅读一篇关于社会研究的文章，以理解课文的意思。最近，我从阅读中得出了一个启示：教师让学生事先了解有关的课文信息，有助于他们在老师随后的讲课中更好地理解该课文。我刚开始讲解没多久，有两个学生就文中的某些内容开始了口战，另有15名学生随后也跟着吵了起来。我的教室恰好挨着校长办公室，我真担心他会听到学生的吵嚷声。这使我很紧张，不时地看看闹钟，祈望快点下课。我不明白为什么电视和电影里的老师都可以"被下课铃声解救"，而我却没有这样的运气。我打开课桌里

的抽屉，拿出一个哨子用力吹响。令我吃惊的是，学生们听到哨声后都安静下来。虽然有些学生很不高兴，但他们没出声。接着，我给他们布置了一个可以在短时间内快速完成的作业——随便画一幅与任何一起历史事件有关的图画，然后我坐下来等着下课。

下课铃响了，我随着学生们挤出教室门外，几乎撞到了一个同事。我看着他，无可奈何地说："这班学生太难对付，我一点法子也没有！"

他回看着我，很严肃地说："我相信你肯定可以做得很好，但你首先要吸引他们的注意。如果做不到这点，我想你不大适合做老师。"

他的话令我很吃惊，但我知道他说得对。我以前也教过不同年级的学生，于是我开始思考怎样才能够了解那些学生并和他们沟通。当时哨子之所以能镇住那帮学生，仅仅是因为他们平时很少听到哨声，所以在那一刹那他们才会安静下来，这一点我很清楚。我是否应该想些新奇的教学方法来吸引学生的注意？我应该用什么样的教学方法教这班学生才合适呢？看来，我应该和他们多沟通，真正地了解他们。通过沟通与他们建立紧密而良好的关系，了解他们的学习方式，使用和他们的生活息息相关的教学材料，使他们对我和我的课堂教学保持注意。

感觉可以刺激我们一整天。神经科学家麦克尔·格赞尼加（Michael Gazzaniga 1999）认为人脑仅能记住百分之一的感觉信息。教师要帮助学生记忆感觉信息已不容易，何况还要帮助学生记忆所有需要记忆的语义信息呢？美国精神病学和神经病学委员会的尚恩·凯莉（Shaun Kerry，2002）认为，某些事件或信息能否保留在记忆里取决于个体对此题材的喜爱程度，以及它在给人的印象、情感、听觉和视觉四个方面对个体的影响。

很多因素都可以影响学生获得信息的能力。看来我的同事说得对，我的首要任务就是吸引学生的注意。

什么是注意？

现在是我指导的学习小组的讨论时间。这些三年级的学生在房间里三三两两地坐着。一些学生在轻声地讨论他们的作文，教室里不时传出嗡嗡的谈话声。他们的老师正在和 J. D. 开会。

卡蒂在桌旁安静地坐着，在阅读她心爱的书籍。看完之后，她开始画图描绘书中的一段情节。这时吉米走过来问她借一支蓝色的记号笔。卡蒂停下来，把记号笔递给她。吉米看了一眼卡蒂画的图片，顺便问了几个有关此书的问题。卡蒂一边给图画里的房子涂颜色，一边给吉米讲述书中的人物和情节。这时，安吉洛打断了她们的谈话，因为他想从卡蒂的桌旁拿本书，他为打扰了她们而道歉，并开始寻找那本书。这样卡蒂不得不站着涂颜色并继续和吉米说话。

这时安吉洛看到了他要的书，叫卡蒂递给他。卡蒂的右手继续涂颜色，左手把安吉洛要的书给了他。安吉洛向卡蒂道谢后，回到了座位，与学生们一起做编辑工作。这边，卡蒂对书中故事情节的描述激起了吉米的兴趣，她问卡蒂那本书的书名。但是，卡蒂刚才已经把书借给了坐在对面的蒂芙妮。于是吉米随即问蒂芙妮谁是书的作者，在等待对方回答的期间她继续和卡蒂说话。吉米很喜欢卡蒂的画，并对此大加赞赏。这时，卡蒂也听到了蒂芙妮的声音，她在告诉吉米谁是书的作者。卡蒂拿起一支绿色的记号笔，在房子旁边画了一棵大树。这时蒂芙妮正在念作者的名字，而吉米随即也回到了自己的座位。

安德森（Andreason，2001）认为注意是一个认知过程，它可以帮助卡蒂控制不相关的刺激物（例如，忽略房间里谈话的嗡嗡声），注意重要的刺激物（例如，书里的文章和图画、吉米的赞赏），也可以从一个刺激物转到另一个刺激物（例如，从和吉米谈话转到画画，从和安吉洛说话转到和吉米、蒂芙妮说话）。她还可以平衡图画里的视觉信息。当她听吉米和蒂芙妮说话时，她注意到了听觉信息。至于她的触觉信息则包括画画、帮安吉洛拿书、递给吉米记号笔等。

安德森把注意分成五种类型：持续性注意、针对性注意、选择性注意、分配性注意和集中性注意。持续性注意与长时间集中精神有关系。教师在设计教案或制定考核标准时需要保持持续性注意。针对性注意通常在我们从周围众多的刺激中有意识地选择某一个刺激的时候发生。例如，某个学生在课堂上捣乱会引起教师的注意。选择性注意指个体出于个人原因或合理的原因而集中精神留意某个特殊的刺激物。例如，某个学生在课堂上有可能不听老师讲课反而与另一个学生窃窃私语。分配性注意在我们把注意力快速地从一个事物转移到另一个事物时发生。学生边做作业边看电视，就是使用了分配性注意。集中性注意是指注意指向某些刺激物的特殊方面，比如当学生做网上调查的时候，老师要提醒他们特别注意那些基本问题的答案。

注意在思考的过程中起很大的作用。大脑可以扫描环境，通过过滤感觉信息来寻找可以注意的事物。大脑总是对事物保持注意，但学生并不一定能按教师的意愿对特定的事物保持足够的注意力。注意有三个要素：唤起、定位和聚焦（Carter，1998）。

网状激活系统（见附录 A）通过发射一定数量的神经递质来控制唤起水平。去甲肾上腺素和多巴胺对前额叶的刺激改变了脑电活动，并促使我们警觉。这时，顶叶从目前的刺激物分离，我们就可以转向新的刺激物。因为丘脑给前额叶带来了新信息，它随后控制了局面，使我们能够集中注意力，它也有能力抑制其他感觉刺激以帮助我们保持注意。扣带回有助于我们保持注意（Carter，1998）。海马回在注意过程中起很大的作用。由于海马回提取了大量的回忆，如果网状激活系统对一些感觉刺激起反应，海马回就可以把它和以前的经历进行比较，并确定其新奇性（Ratey，2001）。

这个生物信息对教育工作者很有帮助。由此可以得知，教学可以强化注意过程。也就是说，扣带回可以使我们对它关注的事物保持注意。

已经是晚上 7 点了，诺亚还在玩计算机游戏。他已经玩得入迷了，根本不知道现在是几点钟了。突然，计算机死机，他只好按键重启。在等待计算机重新开机的时候，他看了一眼时钟。时间过得如此飞快，这令他难以置信。

诺亚的网状激活系统唤醒了他，这时他意识到自己有一大堆功课要做。很明显，他刚才没有留意时间过得飞快。

诺亚看着他的一大堆书，开始确定做每门功课的优先次序："明天我可以在车上做英语作业。数学作业挺难的，我需要妈妈的辅导。现在先做数学作业，然后再练习单词拼写。老师说要测验单词拼写，我得好好复习。"

诺亚之所以记得要做功课，正是收到了前额叶的指示，它们还可以帮助他做计划和排列优先次序。

诺亚从书堆里拿出数学书，打开笔记本，全神贯注地做功课。妈妈开门进来看他，他都没听到。

这个例子说明诺亚的丘脑过滤了那些使他无法集中精神做数学作业的感觉刺激物。

要点提示：没有输入信息的意识，外显学习就不可能发生。

什么是动机？

杰里米和乔是好朋友。两人从幼儿园开始就是同学。两人的妈妈不但同是一个读书俱乐部里的成员，他们的爸爸也常在一起打高尔夫球。

棒球赛季快到了，他们希望能够从初级校队转到大学校队。一个阳光灿烂的星期六下午，杰里米和乔打算前往棒球馆打球。两人拿着球拍刚准备出发，这时乔的爸爸来了。

他说："嘿，孩子们，下午和我们一起去高尔夫球场如何？我们希望有两个出色的球童背球棒。"

听到这话，杰里米的脸大放光彩。"太好了，今天天气这么好，在室外运动太棒了！乔，你说是吗？打完高尔夫之后我们可以再去棒球馆。你说自己一直都想学打高尔夫球，这可是个好机会。"

但乔心里并不是这么想的。他爸爸看着乔没有出声，又看到他脸上不置可否的表情，就叹了口气说："好吧，乔，我知道你不情愿这么做，但是我会给你补偿的。"

乔点头说："有钱我当然去。但是这次的酬劳要多于 10 美元，10 美元是你上次给我的价——这次你给 10 美元我可不干。"

两个有相同兴趣的男孩，却对此事做出不同的反应。这其中当然有很多原因，但两人存在不同的动机却是主要的原因。乔当球童是受到外在动机（钱）的驱使，杰里米当球童则是受到内在动机的驱使，他乐于做此事。

我们为什么做所做的事？

玛丽亚姆·韦氏（Merriam – Webster，1993）定义动机为"使人付诸于行动的事（例如，人的需要或愿望）（p. 759）。"上课时当我问学生们有什么需求的时候，他们给我列了张写满需求的清单。有趣的是，这张清单上根本没有提及我的授课内容。换句话说，学生们认为没有必要学习阅读、数学、历史、科学、写作等科目！为了激发学生的学习动机，教师应该向他们证明授课内容是必需的或者是他们想学的。

杰里米和乔的动机有所不同。内在动机来自内部——取决于大脑的这种愉悦的或者重要的内在愿望或需要。当我们受到内在动机的驱使时，神经递质如多巴胺在人脑中得到释放（LeDoux，2002），促使我们"积极进取"，这是达到目标的必要条件。当我们达到目标时，这些相同的神经递质就会在人脑中得到释放。多巴胺是种令人快乐的化学物质，它促使我们希望再次成功以重复这种美好的感觉。

外在动机和奖励、惩罚有关。有些研究人员，如埃尔菲·艾恩（Alfie Kohn，1993），相信外在动机会改变大脑活动，把希望达到目标变为希望获取实质奖励和避免惩罚。获得奖励有助于多巴胺的释放，培养大脑对实质奖励的良好感觉，而该奖励是与成就相应的。

在以上的例子里，杰里米从他的经验和学习中获取多巴胺，而乔只是从报酬中获取。许多研究都认为要提升人的幸福感和愉悦感，就需要增加外界奖励。因此，10美元并不能使乔像以前那么高兴，他要求更多的报酬。

> 要点提示：教师应该使用不同的方法激发学生的学习动机。

马斯洛需求层次理论

根据亚伯拉罕·马斯洛（Abraham Maslow）的理论，在大脑的注意力转向并集中于学习成绩之前，某些需求需要得到满足。该需求层次从生理需求开始，接着过渡到安全需求、归属和爱的需求、自尊需求，最后是自我实现需求（Maslow，Lowery，1998）。

生理需求 这包括基本的生存需求。食物、水、住房和穿衣都属于这类需求。例如，学生感到饥饿，那么这种填饱肚子的需求在得到满足之前会排在所有需求中的第一位，因为人的注意力通常集中于没有被满足的需求。

安全需求 安全、不受威胁和可预测性对大脑的安全需求而言，都显得非常重要。一旦上述生理需求得到满足，大脑就会集中于安全需求，或转向下一个层次的需求。如果学生在课堂上具有安全感，他们的注意力就不会受到任何阻碍。

归属需求和爱的需求 当人们的生理需求得到满足并具有安全感的时候，他们会克服孤独感。人们和自己的朋友、配偶、孩子等之间的良好关系给他们提供了一种归属感。那些和老师或其他同学有着良好关系的学生会具有良好的感觉和动机，因为神经递质，比如5-羟色胺和多巴胺在他们的大脑里得到了释放。

自尊需求 自尊、成就和良好的名声都属于这类需求。学生在课堂上受到他人的重视和认可有助于他们保持注意力，老师的重视和认可尤其可以激发他们更加努力地学习。

自我实现需求 这一需求被界定为充分发挥个体能力的层次。

若达到了这个级别是个了不起的成功，所以我们希望所有的学生都可以做到这一点。他们首先要知道自己是安全的、具有归属感并受到别人的重视和认可，这样才能像别人尊重他们那样来尊重自己。

为了更好地了解不同的学生，教师需要了解上述的不同需求。当学生的需求得到了满足，他们才会注意教师希望他们学习和记忆的所有信息。

格拉瑟的选择动机理论

威廉·格拉瑟（William Glasser，1999）提出了五个同等重要的需求：生存、归属和爱、权利、自由和乐趣。他写了一本很受欢迎的书——《选择理论》，该书封面有一句话集中体现了他的理论："选择自己的生活方式并和自己需要的人建立良好的关系。"

由此可以推断：教师给学生提供一些选择（如给他们一定的权利和自由），可以使他们对自己的学习情况感觉良好，可以学习的动机并专注于学习。归属和爱的需求意味着和自己需要的人建立良好的关系。因此，学生需要和老师、同学建立良好的关系，知道自己可以信赖他们并向他们寻求帮助。

布洛菲（Brophy，1987）认为，学生的学习动机虽然是在日常生活中形成的一种习得能力，但它却是在学生"与别的优秀学生进行交流、对他们加以模拟仿效、向他们学习取经以及与他们进行社会交际的过程中得以激发的。"（p.41）因此，课堂上教师如何指导学生与人交往、对学生有什么样的要求、如何与学生沟通以及如何为学生树立典范等因素，都会对学生的学习动机和注意力产生重要的影响。

> 要点提示：如果人的基本需求没有得到满足，大脑就无法专注于学习。

情绪如何影响学习

瓦内萨正在学校仓库里收集美术作业的素材。美术并非她喜爱的科目，她对素材的选择说明了她在创意方面花的工夫还不够：她收集到的素材只有记号笔、纸张和尺子。这次的作业是写"我理想的地方"，但她对此没有一点头绪。因为还要完成另外两个作业，她不想花太多的时间做这个作业。这时，她在走廊看见了杰西。杰西的学习成绩很好，她的写作常获奖。她还多才多艺，很有艺术灵气，既跳芭蕾舞又弹钢琴。她喜欢做"我理想的地方"这样的作业。杰西的确很聪明，但她好像刻意要让别人知道这一点。

瓦内萨注意到杰西已经大有收获，她怀抱着一大堆胶水、发光饰物、棉花、泥土和涂料。她想往另一个方向走以避开杰西，以免听杰西对自己大谈特谈她的作业。但是太迟了，杰西已经向这边走来，看到瓦内萨收集到的那一丁点素材时，杰西笑了笑，并把自己那堆沉重的素材特意地往瓦内萨眼前移。她瞟了一眼瓦内萨拿着的记号笔，问："你才刚开始收集材料吗？"

瓦内萨知道这些材料的确少得可怜，就说："是啊，我刚到这里，只拿了些常用的东西。我还要回去选些有用的材料。"

"那么，你准备写哪个地方？"杰西问。对此，瓦内萨怀疑杰西是为了探听别人的情报，好让她自己写的那个地方是独一无二的。

瓦内萨在脑子里飞快地想着答案："哦，我理想的地方是个秘密，我只和朋友们谈论这个话题。等会儿我要和她们聊聊，看看写这个地方是否合适。"瓦内萨心想这样的回答会让杰西停止发问，杰西可能现在还没有想到一个可以和朋友们谈论的地方呢！

"哦，我理想的地方是夏威夷。我们家每年都去那里待上两个星期。那里有漂亮的沙滩和奇妙的火山。我也和美术老师谈了我的想法，他对此也大加赞赏，还说希望快点阅读我的文章。"杰西很随意地聊起了她种的植物和去过的地方，这些对于瓦内萨来说都是些全新的信息，因为她之前根本没有听说过。瓦内萨的思绪漂浮，几乎没有听清杰西说的话，直到杰西最后说了一句："瓦内萨，如果你想知道怎么写才有创意，我可以帮你。"

听到杰西这么说，瓦内萨既生气又尴尬。她张开嘴想说些有智慧的话语来反驳杰西，但她什么也说不出来，因为此时她的头脑一片空白！她只能咬紧牙关对着杰西笑了笑，然后一走了之。

但是，瓦内萨觉得很生气，内心久久不能平静下来。杰西怎么敢对她说这样的话？"我自己能做好我的作业，"她想，"我当然不需要她的帮忙。那句话应该是我说给她听的，我对她那话的反应也太过温和了。我当时为什么想不出话来反驳她呢？我最善于反驳别人了，要是平常我肯定会说些话来驳回她的。"

瓦内萨的情绪使她保持缄默。戈尔曼（Goleman，1995）把这种情况叫做"情绪劫机"现象，它阻碍人们产生深邃的思想。瓦内萨大脑的情绪中心受阻，从而使创造中心也无法正常工作。几个小时之后，她想到了回应杰西的好几个说法。瓦内萨差点想把杰西叫来，好让她当面洗耳恭听！

情绪能对学习产生极大的影响（Small，2002）。如果学生感到焦虑、抑郁甚至愤怒，他们就无法有效地提取信息。当情绪强烈地吸引了大脑的注意时，工作记忆的信息就如洪水般涌走，使人们难以有效地完成手头的任务。

这就是情绪如何消极地影响学习的。不过，它也可以积极地影响学习。

> 要点提示：强烈的情绪会阻碍信息的接收。

教师通过学生的情绪来了解学生

什么是情绪？多数研究人员指的是这六种普遍的情绪：快乐、悲伤、恐惧、愤怒、惊奇和厌恶。他们是所有人都具备的原始情绪。次级情绪是社会导向型的，如妒忌、内疚和尴尬。有些情绪是达马西奥（Damasio，1999）所说的"背景情绪"，如紧张和放松。

情绪产生于皮质下脑区，是反映身体状况的整套脑结构的一部分。情绪无意识地影响着大脑和身体。情绪和情绪状态是导致行为发生的反应模式。当人们通过感觉来察觉信息时，或当个体回想起某些记忆时，情绪和行为会接着发生（Damasio，1999）。瓦内萨遇见杰西时带着的情绪代表着感觉信息。她事后回想起当时的情景会重新激起那些她曾经有过的情绪。如果瓦内萨随后再次遇见杰西，有关的情绪可能会重现并且影响她的行为。

类扁桃体对情绪和记忆的影响至关重要。由于类扁桃体所处的位置及其能提取输入信息的原因，它可以调节外显记忆和内显记忆。比起无聊的事件或神经事件，痛苦的事件给人的印象更加深刻（Bloom，Beal，Kupfer，2003）。

莱杜克斯（LeDoux，2003）说："注意、知觉、记忆、做决策和它们有意识的伴随物都受到情绪状态的影响而发生变化……情绪的唤起可以帮助组织和协调大脑活动"（p. 225）。莎克特（Schacter，2001）在《记忆的七宗罪》里说："根据日常经验和有关实验研究证明，和非情绪支配的事件相比，人们更容易记住受情绪支配的事件。记忆在大脑的形成有助于情绪的加强，人们所经历的事最终是否能被记忆或遗忘，在很大程度上取决于人们对其给予的注意和该事件的详细性"（p. 163）。

埃默里大学的斯蒂芬·哈曼（Stephen Hamann）利用磁共振成像（MRI）测定人的情绪反应，并制成文字和图像（Hamann，Ely，Grafton，Kilts，1999）。从图像可以看出个体对情绪情景作出反应时类扁桃体的激活程度。"当类扁桃体察觉到情绪的时候，它在形成记忆的大脑区域的活动趋于活跃，"哈曼说，"这就是比较深刻和形象的记忆是如何形成的"（p. 292）。哈曼实验的被测试者记住的"情绪单词"的数量是"神经单词"的两倍。

正因为情绪的强大作用，教师在教学过程中注意学生的情绪变化有助于他们了解学生。由于情绪能够组织大脑活动，而注意力和知觉会因为情绪状态而发生变化，如果教师能利用学生的情绪状态来了解学生，就会使学生更容易记住在学校里经历的事情。

　　教师了解学生是实施记忆过程的第一步。如果教师希望教会学生如何记忆，就应该从最基本的做起：学生对什么感兴趣？他们会注意什么？学生的大脑总会对某些事物保持注意，教师应该成为他们优先注意的对象。

教师使学生情绪高昂参与课堂学习

　　教师在课堂上负责给学生提供帮助和解答疑难。教师的授课应该是充满激情而且令人精神振奋的。神经递质在我们感到兴奋的时候得到释放，去甲肾上腺素也产生一连串加强经验强度和经验知觉的化学反应。下面介绍的方法可以帮助教师使学生在情绪上参与课堂活动，以提高教学质量。

　　·情绪可以互相感染（Lewis, Amini, Lannon, 2000），教师的讲课应该充满激情。教师应该思考：什么样的授课内容才能吸引学生。

　　·教师的穿着不管是获得学生的赞赏还是遭到他们的否定，都可以吸引其眼球。

　　·音乐对很多人来说是一种情感寄托，教师播放与授课主题相关的音乐，也可以吸引学生的注意力。

　　·教师用故事引出授课信息。这个故事可以是信手拈来的，如教师自己与课文主题有关的亲身经历；或者是教师讲述别人经历过的、并能和课文衔接的故事。故事能吸引学生大脑的注意，这也是大脑组织信息的自然方法（Caine, Caine, 1994）。

　　·教师开始上课时，应该允许学生有选择权。如果要学习的问题具有争议或正负两面性，教师可以把教室一分为二，以组织学生分成两组讨论问题，并让学生自己选择加入哪一方。此外，教师可以在两边的墙上分别贴一张纸，以便两组学生写下各自的观点。

　　要点提示：情绪通常在所有其他大脑活动之前产生。

教师使用先行组织者帮助学生集中注意

"我们通常看见我们所希望看到的东西"（Marzano，Pickering，Norford，et al.，2001，p.279）。先行组织者是使学生对事物保持注意的一个强有力的手段，它有很多种不同的形式。例如，先行组织者可以是关于某个题目的一次口头演讲，以及它与已学知识衔接的方法。根据我的经验，最有效的组织者就是图表，它可以吸引学生的注意，并指导他们学习我要求他们记忆的知识。图表组织者为学习提供了一个基本结构，有助于学生学习相关知识。

我最喜爱的组织者是同意/反对表（Burke，1999；如表1.1所示）。这个表由一些口头或书面的陈述组成。我喜欢用写有陈述并且留有空间写上"同意"或者"反对"意见的图表。这些语言不但可以唤起学生的情绪反应，还有助于学生理解某些共享的想法。

表1.1　同意/反对表

	同　意	不同意
1. 年轻人的记忆力比老年人的强		
2. 年龄与记忆无关		
3. 记忆储存于脑部的一个区域		
4. 你的即时记忆空间仅仅能储存一个电话号码		
5. 女人的记忆力比男人好		
6. 人们从不会忘记怎么骑自行车		
7. 遗忘比记忆更容易		
8. 气味能引发某些记忆		

先行组织者有助于人们回忆已学知识。如果学生的个人经历与学习的单元主题没有联系，教师应该叫他们尝试发表同意或者反对的意见。每讲完一个单元，我会再给学生一个机会阅读表格里的信息，以让他们发表不同的意见。通过比较新旧两个图表，学生可以了解自己掌握的知识。结果是一些学生对自己的已学知识表示惊叹，

一些学生则对自己已学的知识表示满意。

很多图表组织者可以用作先行组织者（见附录 B），它们可以帮助教师了解学生。其他的一些图表组织者在以下的方面也有帮助：

· 韦恩图有助于学生辨认异同。

· 思维导图有助于学生组织新材料。近期研究证明，它对有诵读困难的学生尤其有帮助。

· KWHLU 图有助于学生集中注意力。K 代表已经知道的知识，W 代表想要知道的知识，H 代表如何学习知识，L 代表已经学到的知识，U 代表如何在实践中运用知识。

· T 图表，或者两列图表，可以用来整理大量的学习内容。

· 层次结构图表对分类学习很有用。

· 序列图表有助于学生按时间顺序整理故事或者历史事件。

要点提示：告知大脑对什么保持注意。

通过不同的学习方式了解学生

学生的学习方式会因人而异。有些学生是视觉学习者；有些学生是听觉学习者；有些学生是动觉学习者；有些学生则是触觉学习者。这些学习方式的喜好或学习优势会影响他们特别注意的事物（Sprenger，2003）。

视觉学习者 这类学习者感兴趣的事物包括图表、幻灯片，甚至课本。如果教师也喜欢使用视觉信息，能使他们更容易理解信息。他们会特别留意包括课本在内的视觉信息。学校通常会为这类学习者提供方便，以满足他们的需求。教师如果想与学生沟通并吸引他们的注意，可以使用颜色鲜艳的图片、视频和讲义来吸引视觉学习者的注意。

听觉学习者 这类学习者说的信息和听的信息应该一样多。对他们来说，通过讨论可以使信息变得更真实。教师使用的图片、幻灯片和讲义可能对他们不起作用，他们反而更喜欢讨论的形式。教师如果想让他们对学习感兴趣，可以播放音乐或要求他们进行口头辩论。实际上，听觉学习者的记忆对听觉信息更敏感，换句话说，他们记住的听到的信息要多于他们看到或感觉到的信息。

动觉和触觉学习者　这类学习者在学习的时候喜欢移动，或者通过动手学习。他们在学习过程中不可避免地会做出一些动作，所以教师应该对此加以控制。有时他们也许想让自己融入所学内容，以吸引学生的注意，教师可以让他们进行角色扮演、提出概念或使用计算机工作。

请看下面的方法：

新生们走进教室。天气很闷热，教室的窗户全打开了，但是里面的空气流通仍不理想。

今天我们要学习的内容是美国内战，但这并不是我喜欢的话题。或许是我以前的历史老师上的课太乏味，或许是因为这种天气，我根本没有心情上课，更别说要探讨这个很有挑战性的话题了。

我说："今天天气很热，我和你们一样都感觉热得慌。在这种天气上课的确不好受，但是我们别无选择。今天我们要学美国内战这一单元。有没有人了解美国内战这段历史?"

现在我可以使用另一个方法：

学生们走进教室时，听到音乐在教室里飘扬和看到我选的题目是《但愿我在迪克》之后，在他们看着我的眼光里都带着一丝惊奇。这时，我把装有水的杯子递给他们。当最后的铃声响起，我关掉音乐说："你们可以在教室里走动，看看美国内战的图片和有关的物品。今天天气很热，你们试着想象一下士兵们穿着沉重的军服在阳光下连续作战的情景。"

"有多少人看过电影《乱世佳人》? 这是一部很好的影片，当然，瑞特·巴特勒的表演使影片更精彩。你们还记得影片中很多的流血场面吗? 希望流血不会令你们感到不安，但这的确是一场血淋淋的战争!"

毫无疑问，第二种方法更能吸引学生的注意，这有几个原因。

首先，我提到的流血场面、瑞特·巴特勒和播放的音乐都可以唤起学生的情绪参与。其次，我使用了多种感觉并用的方法。学生一进入教室，他们就开始走动、听音乐、四处张望。最后，我把他们当前的感受，如闷热、不适和我们要学习的对象联系起来。我给他们喝水，以满足其生理需求，同时也让他们知道我明白他们的感受，而且我们的感受是相同的。

> 要点提示：了解学生特定的学习喜好方式有助于教师更好地了解学生。

关系

如果我能花时间和学生相处，互相沟通，就更容易和他们建立良好的关系。这种关系对于任何情况下的学习和任何年龄的学生都很重要。因为师生关系为教师和学生提供了一个平台，有助于教师和学生了解对方所取得的进步，促使双方都重视所学知识的实用性。（Goleman，Boyatzis，McKee，2002）

以下的四种情商都适用于在任何环境中建立的关系，即自我意识、自我管理、社会意识和社交技能。前两项注重个人技能，后两项则与社会技能有关。

个人技能 了解自己的情绪是具备其他能力的关键。如果学生明白自己的内心感受，就可以在教师的指导下学习如何控制这些情绪。也许学生在入学的时候已经具备该技能，但教师仍需对此进行教学以充实学生的全部技能，这样做有利于教师的教学和学生的学习。

社会技能 同情是最基本的社会技能。能够觉察他人的情绪、理解他人的看法、对他人表示关心三种技能有助于在课堂上培养牢固的师生和生生关系。个体对关系的处理包括处理人与人之间的冲突、如何影响他人以及如何与他人建立良好的关系。

我们对工作的热情也许出自纯粹的情绪，如兴奋、从学习中得到的满足，或者和他人一起工作的乐趣。这些因素可以激活接收大量"良好感觉"神经递质的左前额脑皮层。同时，前额页脑电路可以消除可能干扰学习的挫折感觉（Goleman et al., 2002）。

找出教师和学生双方的连接点

如果教师希望与学生建立良好的关系，就需要找出双方具有的共同点。双方的共同点越多，就越容易互相欣赏，也就越容易发展一种促进学习的良好关系。我现在喜欢用的一个方法是从一位教五年级的老师那里学来的。这是一个使用纸片来介绍人们互相认识的交友活动（如表1.2所示）。教师先把纸片折成不同的四方盒，在每个纸盒的四面都写着一些个人信息。学生拿到这些四方盒后开始寻找符合盒面信息的学生，并叫他们在盒面上签名。学生可以在教室里来回走动，如询问他人一些写在盒面上的相关信息，比如你是否喜欢吃巧克力饼干或是否喜欢跑步等。活动的规则是学生们一定要用心寻找符合盒面信息的学生，不能随意把纸盒乱塞到别人手里叫他们在盒面上签名。所以，他们必须和别人交谈，问一些和盒面信息有关的问题。等到每人手上的纸盒都写满了其他学生的签名，我叫他们都坐下来。接着我快速地浏览盒面的每类信息，叫学生举手说出此信息是否与他们有关。这时，学生们可以四处张望，在教室里寻找和自己有共同点的其他学生。我第一次使用该方法的时候，纸盒的信息是关于我自己的一些真实特征。学生可以快速地看到我们之间的共同点。几个星期之后，我从索引卡上获得了学生的个人信息，这次我把该信息写在第二张纸片上交给学生。这样，他们就可以知道有多少学生和自己有共同点或共同的兴趣。

表1.2 交友活动

寻找符合以下条件的朋友		
养有宠物狗	有褐色的眼睛	喜欢喝百事可乐多于可口可乐
看肥皂剧《老友记》	经常读书	喜欢吃巧克力饼干
喜欢红色	通过听磁带来了解书本知识	认为M&M's是美味巧克力
喜欢下像棋	喜欢玩计算机	喜欢金器多于银器

寻找符合以下条件的朋友		
有一辆红色的轿车	有两个妹妹	有恐高症
经常旅游	喜欢音乐	喜欢跑步
喜欢打高尔夫球	喜欢下跳棋	有一个哥哥

社交类属和同情

根据吉那迪和萨加瑞斯（Giannetii，Sagarese，2001）的研究，学生必属于四种社会类属中的一组。

第一组类属是受欢迎小组，占学生总人数的35%。这组学生也许是最引人注目的，大都外形漂亮、身体强壮、家境富裕。由于他们的受欢迎的地位并非永久不变，所以他们会为如何保持这种受欢迎的社会地位而烦恼，而这正是困扰他们的情绪问题。

第二组类属是边缘小组，占学生总人数的10%。这组学生有时会和受欢迎组的学生交往，但往往得不到他们的重视。表面上，这种交往使他们快乐，因此他们可以忍受被第一组学生忽视的状况。但交往的结果是他们无法确定自己是否属于受欢迎那一组。虽然事事仿效受欢迎组的学生，但他们要面对的情绪问题是自己没有归属感。

第三组类属是友谊圈，大约占学生总人数的45%。这组学生通常会自己组成一些小组，属于这个圈子内的学生都是好朋友。他们也意识到自己不是很受欢迎，但是大家在圈子内互相交往都觉得很开心。所以他们对自己的感觉良好。

第四组类属是不合群者，占学生总人数的10%。这组学生的朋友很少或几乎没有什么朋友。他们也许很聪明、雄心勃勃、思想比其他同学要前卫许多，但是他们的社会技能却不怎么样，也不易与人相处。虽然他们也希望自己成为其他组的成员，但是别人对此却难以接受。有时候他们对自己所处的社会地位感到很痛苦，甚至会为此和别人动武。

根据上述研究，学校里只有45%的学生对其社会地位或情绪感觉良好。在发生了像科隆比纳高中这样的校园惨剧之后，教师应该关注学校里的社会结构。如果教师在午饭时间去学校咖啡厅转一圈，就可以发现学生互相组成的不同派系。看到某个学生与谁在一起吃饭，就可以知道他在学校的社会类属是什么。要想和别的同学建立牢固的关系，学生们需要和他人交往并尊重他人。因此，学生在与人交往时是否会对他人表示同情显得尤其重要。

因为我那9岁的雪特兰种小马已是病入膏肓，我只得叫兽医来给它施行安乐死。那天一早我本应在图书馆上第一节课，但我请假了。在我的安排下兽医结束了它的生命，整个过程我都陪在它的身边。经历了这种痛苦的情绪煎熬之后，我回到了学校。经过办公室的时候，我告诉负责人，我可以回来上班了。虽然我的双眼因为哭泣而红肿，但是我知道上课时自己能控制好情绪。

一个同事对小马的死表示同情，他善意地提醒我说：“别让学生们看见你哭泣的样子！”

我点了点头，很沮丧地走向教室。走到图书馆门口，想起同事说的话，我觉得很伤心，同时也有点生气。难道我不能在学生面前表达自己的情感吗？如果我对小马的死无动于衷，学生们或许会认为我是个冷血动物。难道这不是一个培养学生具有同情心的绝好机会吗？

我走进教室，学生们的眼睛都盯着我。

“你终于可以回来上课了！”一个女孩说。

“你病了吗？”另一个学生问。

“没有，”我回答说，“家里发生了一些很令人伤心的事情。”我给他们解释自己为什么请假并且推迟上课。

“我的猫咪也被施行了安乐死，斯普伦格夫人，”南希说，“那让我伤心透了。”

“我很理解这种感受。”我承认，事实的确如此。

“这有什么值得伤心的？它只是一个不会说话的动物而已。”布雷特却这样说。

学生们都看着我，我看了一眼布雷特并问他：“你养过宠物吗？”

"以前养过一条狗，那时它睡在我的房间里。"他说。

接下来的时间，我让学生们就宠物死亡的话题展开讨论。他们的讨论一直持续到下课铃声响了才结束，布雷特就这么一直安静地坐着，没有出声。走到大门时，他停下来对我说："对不起，我刚才没有考虑到别人的感受。刚才我不应该那样说。我以后会像你那样，对动物表现出同情心。"

可以说，那天我们其实上了两节课。第一，由于学生当时能够设身处地地理解我的感受，因此他们学会了如何理解别人的感受；第二，由于他们当时不但认可了我的感受，而且也看到我能很好地控制自己的情绪，因此他们学会了如何表达和控制自己的真实感受。科马（Comer，2003，p. 11）说过："学生在情感上需要和老师产生共鸣，并意识到现实生活中成人之间那种健康的社会关系也同样存在于师生或生生之间。"

> 要点提示：教师利用师生关系激发学生的注意和动机。

"我是怎么学习这些知识的?"

有多少次教师听过学生问这样的问题？说到关联性，我们可以再次看看大脑是如何学习和记忆的。大脑可以搜寻相关的模式。它接收了新信息后，会在长时记忆里搜寻某种相关的模式并联系该信息。如果你看着图 1.1，这时大脑会看到一个方框。但是那个方框真的在那儿吗？事实并非如此，只是你的大脑已经定型了方框的模式，这就是大脑发现了事物并由此联想到某种相关的形象。因此，大脑的联想填补了这个方框的空白处（Jensen，2001）。

当教师给学生提供信息时，后者的大脑会尝试联想一些已存在的模式。如果他们无法进行联想，那么这些信息就很容易被遗忘。关联性理论指的是学生联想与日常生活息息相关的知识。

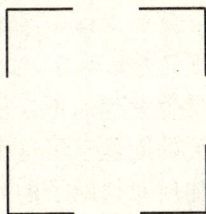

图 1.1 寻找熟悉的图形

当我们对这些教学标准进行思索后，往往会发现要达到这些标准并不是一件易事。研究证明，如果教师给学生制定一些标准、模式和范例，清晰阐明教师对他们的要求，可以促进学生的学习，从而提高他们的成绩（Schomker，1999）。

教师可以通过基于项目的学习和探究式学习来创建以学生为中心的课堂。这些学习活动强调学生的信息加工技能，并促进学生对信息的理解。教师通过相关问题来了解学生，可以帮助学生更好地记忆该信息。

你认为教师使用下面的哪个情境更能吸引学生的注意？

情境一

欧文小姐的学生们一走进教室，就坐下并拿出笔记本。由于欧文小姐已经把今天要学习的内容写在幻灯片上，因此学生知道今天要学的课文就是《刘易斯和克拉克探险记》。

上课铃声敲响后，欧文小姐开始给学生讲授与课文有关的信息。与此同时，有些学生开始忙于记笔记；而有些学生却心不在焉，东张西望。讲完之后，欧文小姐贴出一些描述探险的图片。这样，有些学生或许可以由此学到一些有用的信息。

情境二

欧文小姐的学生们走进教室，看到幻灯片的图片是一只大蚊子，下面写着："假设你现在是刘易斯和克拉克探险队的一员。你在探险时最讨厌蚊子，由于蚊子太多，有段时间连你呼吸时都会吸入一只蚊子！研究你在探险时处理这种情况时使用的不同方法，把你获得的信息和我们今天要做的事情进行比较。"

学生可以使用海报、书籍和网络等渠道获取信息。老师先把学生分成几个小组，接着让他们开始学习。

很明显，在情境二中学生学到的不仅仅是如何对付蚊子。教师让学生带着与相关信息有关的问题学习这个故事更能激发他们的学习兴趣，学生们则在学会如何对付蚊子的同时也对整个探险过程有了全面的认识。

欧文小姐接着还让学生画韦恩图来找出不同事物之间的关联性，即用图表比较刘易斯和克拉克探险时随身带的物品和学生自己家人出去旅游时带的物品有什么不同（如图1.2所示）。

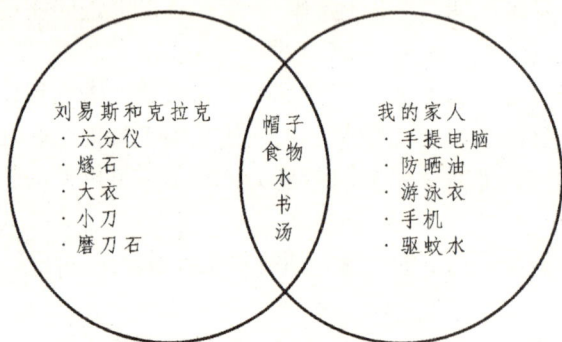

刘易斯和克拉克
·六分仪
·燧石
·大衣
·小刀
·磨刀石

帽子
食物
水
书
汤

我的家人
·手提电脑
·防晒油
·游泳衣
·手机
·驱蚊水

图1.2 组织学生思考的韦恩图

如果学生的学习内容和他们的生活息息相关，就有助于他们即时联想起已学知识。基于问题的学习是以现实生活中的问题为基础而建立的经验学习，即学生参与发现问题，然后找到问题的解决方法。这是一种有助于学生掌握解决问题的开放式的学习方法，而这些问题则类似于专业人员在现实生活中处理的事情（Wiggins，Mc-Tighe，1998）。

关联性、关系和现实

许多来自于不同家庭背景的学生对于我们的教学目标和标准不

甚了解。一贫如洗的学生可能更关心他们的生存问题，而对以下的问题则很少给予关注：例如流利地朗读文章、熟悉不同的政府体制、了解和运用概念解释生物如何正常存活、适应环境及做出改变等。尽管如此，教师仍有义务帮助学生达到学校规定的标准。因此，最有效的做法就是把学生的生活点滴与教师制定的目标联系起来，但是要做到这一点并不容易。

下面我用伊利诺斯州社会科学的学习目标做例子：

教学目标：熟悉不同的经济体制，尤其是美国的经济情况。

基本要点：学生了解到物质匮乏会迫使消费者做出选择。

和学生有关的基本问题：如果现有的休闲娱乐设施不足，你会如何选择？

我把这样的例子写在白板上，学生就可以看到教师的教学目标是什么。当他们再次问起"我们为什么要学这些知识？"之类的问题，我只会指指白板，让他们自己去看。

教师在教学中应该经常使用相关的背景知识，从而帮助学生理解和掌握教师讲授的概念。教师可以让学生讲自己的故事。因为这些故事包含了一些先前信息，给其他学生提供了接收新信息的途径，并且引起他们的注意。此外，教师允许学生在课堂上讲自己的故事，不但有助于学生与学生互相建立良好的关系，也有助于教师和讲故事的学生建立良好的关系。即使学生讲的这些故事和授课内容没有很大的联系，这种师生关系也可以激发学生的学习动机。

要点提示：学生可以记忆影响其生活的事件。

一个新方法

教师们通常都有一套了解学生的方法。他们总是本能地清楚在什么时候应该试用新的方法。大脑很容易被新奇的事物吸引。大家也许还记得网状激活系统是如何过滤信息的，当大脑察觉到任何事物的异常时，去甲肾上腺素会得到释放来唤醒大脑。一旦大脑重复地做某事，大脑就会慢慢适应它，这时事物的新奇性就消失了（Ratey，2001）。下面介绍的几个方法可以帮助教师在教学中添加新奇性，以吸引学生的注意力。

·教师先告诉学生一个与授课内容有关但很奇异的真实情况（例如，你知道亚伯拉罕·林肯戴领结吗?）。

·教师可以戴一些饰品（如戴领结）。

·教师在灯泡或幻灯机上悬挂一个物品（如一个领结）。

·教师使用哨子或学生极少听到的其他教学工具。

·教师播放与授课内容有关的音乐。

·教师使用动画幻灯片。

从感觉记忆到即时记忆

根据认知研究，注意、动机、关系、关联性、学习方式和情绪等都是"教师了解学生"的因素。如果我们能把感觉记忆转化为即时记忆，那么最终会达到长时记忆的结果。当大脑准备一个任务时，前额脑皮层会主动激活——一个执行高级功能和使人们付诸于行动的区域。与没有使大脑预先激活的任务相比，这种事先准备可以确保我们更顺利地完成该任务（Carter et al.，2000）。

思考：

1. 教师应该了解课堂上有哪些可能令学生分散注意力的东西。例如，听觉学习者可能对声音很敏感。如果教室里发出噪声的暖气机无法修好，教师应该安排对声音敏感的学生离它远一些，坐得越远越好。

2. 教师应该考虑自己正在使用的、能引起学生注意的方法。有些方法可能是恰当而且必要的，但是某些方法是否会削弱学生想学习的内心愿望?

3. 教师应该与同事讨论自己所使用的教学方法，以充实自己的授课内容，从而吸引学生的注意力。思考这些问题：如何确定你的授课内容对于学生的重要性？怎么才能使讲课引起学生更大的兴趣？你的授课内容是否涵盖与学生息息相关的不同学科的信息？

4. 教师应该留心上课时的课堂气氛。你上课时满足了学生们的不同需要吗？你是否能营造一个使学生们都感到轻松自在的课堂气氛？你能否改变教学方法来使课堂气氛更活跃？

第二章　反思知识

反思并非奢侈品，而是必需品

> 思考和谈论曾经历过的事情不但可以使其变得有意义，
> 还能改变相继记忆的可能性。
> ——丹尼尔·莎克特（Daniel Schacter）：《记忆的七宗罪》

"这简直是在浪费我的时间！"

我从桌上抬起头，很诧异地发现这声音竟然出自一个品学兼优的学生口中。是帕蒂，一个成绩经常得 B 的好学生。我相信她有能力得 A，然而她的记忆接收系统和提取系统好像有些轻微的脱节。像她现在这种不耐烦的表现会时有发生，我从她的脸上能看得出来。有时她会直接说出自己的感受，正如她今天所做的一样。

"我只是叫你花几分钟的时间写下你所学的知识以及你是如何运用的。"我说。

她很恼火地看着我："你说的没错。但是，斯普伦格（Sprenger）夫人，我才刚开始学这个单元，不想就此停下来思考那些枯燥的问题！"

"帕蒂，相信我，这么做可以帮助你牢记正在学的知识，"我回答。

"就因为这个原因，我们要停止小组讨论，在日记本里写下关于那又怎样？现在怎么办？的一页？这样做有用吗？我不想了解任何的能源替代品。这个话题太沉闷了。你叫我们停止讨论，就像我们看某个电视节目时受到干扰一样令人不痛快。"

听到她的话，有几个学生停下书写，对她的话点头表示赞同。一个学生开腔说："帕蒂说得对。我们这么做难道不是在浪费时间吗？"

"当我还是学生的时候，一位教授曾在我们班用过这个方法，它对如何记忆很有帮助。我认为这种方法可以帮助你们增加更多的记忆内容，所以它值得你们一试，请按照我说的去做。"说完，我拿回了自己的日记本。

这件事改变了我的思维方式。我先在日记本写下"那又怎样？现在怎么办？"的一页，然后思考："也许这本来就不是个好方法，虽然它对我很适用，但不一定适用于我的学生。我该让他们对此方法表示质疑吗？研究证明大脑需要时间对知识进行反思，我希望学生们也花些时间琢磨这种方法的作用。"

几个星期后，帕蒂局促不安地走进我的办公室。

"斯普伦格夫人，请看这里。"她说完，递给我一张打了分的数学试卷。试卷的上方写了个 A，老师的评语是："帕蒂，这是你考得最棒的一次。你对答案进行了扩展，表明你在解决问题方面具备了自己的想法。加油！"

"恭喜你考出好成绩！"我说。

"谢谢你。我那天不应该就写日记的事和你争辩，你还记得我说的'那又怎样？现在怎么办？'那件事吗？"她很尴尬地说。

"你的意思是你发觉那个记忆方法对你有帮助？"我惊讶地问她。

"是的，使用这个方法后，我的记忆力比以前好多了，现在我学习所有的科目时都用到这个记忆方法。以前考试我总是得 B，现在考试我都能得 A。我觉得应该思考学过的知识。我想告诉你，你告诉我们那些关于大脑如何记忆的知识真的很实用。"

她回教室之前，我微笑着向她说了"谢谢"。然后，我打开日记本，在新的一页写下"那又怎样？现在怎么样？"的问题，并写下答案"好极了！"

反思知识不仅仅是记忆过程的第二个步骤，我们在整个记忆过程中都进行反思是明智的做法，比如做完了重编信息、巩固知识和运用知识等步骤之后都应该反思。我告诉学生，反思知识是运用知识的一种形式，反思过程有助于他们成功地记忆信息。

要点提示：反思知识是学生运用知识的第一步。

何时缄默？何时发言？

喜剧作品里优秀教学的秘密是教师在课堂上能够恰当地掌握时间。教师给予学生的回应过快或者过慢都无法达到预期的教学效果。如果教师回应得太快，学生就学不到知识（Stahl，1994；Tobin，1987）。教师应该清楚在什么时候保持缄默，因为恰当的缄默能鼓励学生进行思考，并促进学生形成长时记忆。

批判性地反思个人的经历并且就此衔接已学知识的能力，有助于我们从即时记忆接收信息并在激活的工作记忆里对其进行加工。激活的工作记忆允许人们接收输入信息，这时大脑会在长时记忆里搜寻它认可的模式或有关的信息。根据威廉森（Williamson，1997）所说，反思性实践或许是一个发展的学习过程，威灵顿（Wellington，1996）也认为学生的水平各有差异。考虑到这些因素，教师让学生意识到反思知识的重要性是让学生养成反思习惯的第一步。

时间似乎是教师教学中最大的敌人，因为教师在课堂上没有足够的时间讲授全部课程、帮助学生准备国家级的测验和关注每一个学生。有时，上课前教师几乎没有时间吃午饭、上洗手间和查收电子邮件！

作为教师，如果不同时做两件事情，好像就是在浪费时间。教育专家们认为教师应该有休息的时间、"等待"的时间、额外的时间和加班的时间，现在又提出了反思时间。那么，教师应该如何节省时间呢？

对于这个问题，最简单的答案就是：如果教师不花时间做这些事情，学生的长时记忆就不可能形成。在这一章，我会具体阐述什么是对焦时间、等待时间和反思时间。

要点提示：争取时间是为了抓住机遇。

Ⅰ. 对焦时间

研究（e. g. , DeFina, 2003）证明，学生对事物的专注时间可以根据他们的年龄差异以分钟为单位加以区别。10 岁的孩子可以对特定的刺激物保持 10 分钟的注意力。如果教师要求这个年龄段的孩子进行长时间的小组讨论，他们的注意力可能会转向其他不同类型的刺激物。如私下谈话、四处走动、找其他的事做，这种现象很正常。当我们受到的刺激超过了注意的容量时，为此消耗了精力的大脑区域此时也耗尽了水蒸气或葡萄糖。

现在假设你在忙碌地用计算机工作的情景：你忙于给自己的班级写报告、给杂志社写文章或写一份授权书。突然，你的眼睛变得模糊不清，脑子也"失灵"了——一片空白，什么也想不起来。这种现象被称为"运动员在长跑中突然失力"。因为你的大脑已经疲劳，需要休息。这时你可以站起来找些其他的事情来做，如休息一会儿、从冰箱里找东西吃，甚至打打篮球。几分钟后，当你觉得恢复了精力就可以继续工作。

其实，学生也会经历和上述例子一模一样的生物过程。然而，不同之处在于：学生要遵守课堂纪律，例如不许讲话、不许离开座位、不许吃东西等。当他们在课堂上不能对学习继续保持注意时，首先会给教师一些轻微的暗示，例如做一些小动作或轻声讲话。如果教师对这些暗示置之不理而继续讲课，这时候学生大脑的疲劳症状会更加明显。因为大脑此时会向他们传递这样的信息：使用另一个脑区做其他事情。

柏力（Perry, 2000）认为，教师可以通过授课过程把教学内容输入学生的神经中枢。他相信神经元细胞在工作 4 ~ 8 分钟后会感到疲劳，这个时间比各年龄层学生以分钟为计算单位的注意力集中时间要稍短一些。他建议教师通过挖掘学生的情感和以讲故事的形式开始教学，然后补充一些事实（语义信息），再讲授一些与所讲故事有关的概念知识。这个策略可以唤醒学生的神经系统，而不至于耗尽他们所有的能量。

要点提示：在学生的对焦时间内改变教师对学生的感觉刺激可以提高教学效果。

Ⅱ. 等待时间

放慢速度或许是加速的一种方式。
——玛丽·布德·露（Mary Budd Rowe），《等待时间》

20 世纪 60 年代末期，玛丽·布德·露（Mary Budd Rowe）对各种不同的课堂环境中教师的课堂教学做了详细的调查。她要求教师每分钟提问学生 2～3 个问题。在下列三种情况下，教师的等待时间都只有一秒钟。即教师重复提问问题；换一种方式提问；叫其他学生回答等。如果学生迅速回答了问题，教师接着用平均 0.9 秒的时间答复学生，答复的形式包括提问另一个问题或就学生的回答作出回应（Rowe，1973）。

对很多人来说，等待时间不是什么新鲜事，但是它在记忆过程中却扮演着重要的角色。给学生几秒钟的时间回答问题，意味着给他们足够的时间反思，以便提取已学知识和评价别人说的话，进而帮助他们正确回答教师提出的问题。

露认为有两类等待时间。第一类等待时间是教师提出问题之后停顿，留给学生等待时间思考，或者教师在改问另一个探究式问题、叫另一名学生回答或自己回答之前都需停顿一会。第二类等待时间是学生回答问题之后，教师要停顿一会儿才说出自己的观点。第一类等待时间平均为 0.9 秒，第二类等待时间通常短些。当这些间隔时间增加到至少3秒的时候，一些学生会发生显著的变化（如表2.1所示）。此外，在这期间教师发生的一些变化也很明显，如课堂纪律得到改善、教师提的问题少而精（需要运用高阶思维技巧才能回答），以及提高了对所有学生的要求（Rowe，1986）。

表2.1 露（Rowe，1986）根据研究结果得出等待时间对教学的影响

- 学生从用单个词回答问题到用整句话回答。
- 学生回答问题时更有信心。
- 学生的推寻能力得到提高。
- 学生的回答不确定性降低。
- 学生回答问题的猜测性、不解和不当减少。
- 学生在回答问题时的相互比较和借鉴增加了。
- 更多的成绩较差的学生参与回答问题。
- 课堂互动成了由教师主持的生生之间的讨论，而不是仅限于师生询问。
- 学生提出更多的问题。
- 学生做更多的调查研究。
- 学生的成绩得到提高。

等待时间有利于课堂教学的哪个环节？

- 教师叫某个学生或小组回答问题前，先提问一个初始问题。
- 教师接着叫某个学生或小组回答该问题。
- 教师听取某个学生的提问后，再回答。
- 教师继续提问下一个问题。

弗格迪（Fogarty，1997）认为，教师的两种语言回应有助于学生思考某个观点或概念。第一种回应是对学生说："你还有别的想法吗？"这句话向其他学生传达了一个信息：这个问题可能还有其他正确的答案，你们可以再仔细想想。另一种是对学生说："你可以再说详细点。"这句话暗示学生要深入思考，挖掘更多的细节，以培养他们综合处理信息的能力。

要点提示：学生需要时间回答和提问。

其他"等待"的时间

斯达尔（Stahl, 1994）提出了他称为"思考时间"的另一段教师保持缄默的时间。根据露和他人的研究结果，他认为等待时间在另外的一些情况下也适用。教师的暂停时间是指连续保持缄默的3秒或更长的时间，目的是为了给自己时间思考刚做过的事、目前的情况、接下来要说什么和做什么，等等。改变暂停时间是引起学生注意的因素，指教师授课时停下几秒钟甚至几分钟，让学生意识到这段安静的时间，并且把注意力集中于教师的授课。学生回答时的暂停时间指学生在回答问题时停下来思考的时间间隔。很多教师对学生的这种停顿感到不自在，忍不住帮助学生回答问题。斯达尔建议教师在这个时候至少要给学生3秒的时间思考。学生回答问题时的等待时间是指教师给学生3秒或更长的时间，思考如何答复及对此作出回应。

三年级学生正在讨论有关文化的问题，他们要回答一些基于事实的问题，如"文化的普遍性是什么？"我让乔纳森也参与讨论并回答该问题。

他说："我认为所有文化都……"或许是因为我在他毫无防备的时候提问他，或许他恰好不熟悉这个话题，他没有完整回答完该问题就停下来思考（学生回答时的暂停时间）。看到这种情况，一些学生对此暗暗偷笑，一些学生举手想替他回答。我严厉地看了一眼那些取笑乔纳森的学生后，再看着乔纳森等他的回答。

这时，他继续回答："我认为所有文化都有它的原则，它们虽然有所不同，但对于每种文化来说却是必需的。"

我拿起记号笔，准备在白板上写下他的观点。这时，杰弗瑞说："每个人都有他自己的是非原则，我们应该看看每个同学认可的原则是什么。"

听到这话我有点举棋不定，我需要时间决定是否允许学生讨论这个复杂的话题（教师的暂停时间）。我能采纳这个想法并让学生们这么做吗？当我允许学生们对此话题展开讨论，他们是否会感到不自在？然而，学生们很赞同杰弗瑞的想法，也希望能按照他说的去做。"好吧,"我说,"每人列张清单,写下你认为自己不为人所接受的行为。"

教师的暂停时间对于他们忙碌的日程似乎是个奢侈品,但是教师花些时间考虑或改变教学进程,的确可以提高教学质量。很多教师不使用学生暂停时间,有两个原因:第一,他们不想令学生感到尴尬。等待学生回答问题或者提问的时候,教师觉得好像是自己把学生给难倒了。第二,学生已经习惯了我称之为"电子游戏式"的回答方式,教师担心使用学生"暂停时间"会分散学生的注意力。或许,教师这样想是低估了所有学生。

催促和等待

关于教师等待学生回答问题的时间,教师和学生在开始时可能对此都会觉得很难堪和不自在。教师等待学生回答低难度问题的时间较短,等待学生回答高难度问题的时间通常是 5 ~ 10 分钟。教师还应该要求所有学生都思考高难度问题。教师对已经想出答案的学生可以点头表示认可,但不要因此而打断其他学生的思考时间,因为教师应该保证一定的时间给学生思考问题。教室里过于安静可能令人感觉不自在,这个时候教师可以计时或看看手表的时间,最好数数有多少学生的脸上露出"啊哈"的表情。如果学生回答正确,教师不需对此进行评论,也不需要口头表扬学生,教师只需说声"谢谢"就是对他们的肯定和认可。

如果要在长时记忆里找一个名字、一本书的书名或一个电话号码,我们需要对早已排列在大脑里的信息进行搜索。假设我们正在大脑里搜寻信息的时候被某人的说话声打断,而他说的正是我们苦苦思索的信息,这是不是令人很恼火呢?每人提取信息所需要的时间不尽相同,有些人需要的时间较少,而有些人需要的时间较多,这就是为什么等待时间对于我们是如此重要。

> 要点提示:等待时间有助于学生在学习新信息的同时,搜索长时记忆的信息。

Ⅲ. 反思

已完成的研究证实了神经认知过程，奠定了利用 MRI 或 PET 扫描来思考的理论（Johnson et al.，2002）。结果显示，反思在大脑的前叶进行。这意味着反思活动产生于最高级的脑区（有时也称大脑的执行区域），工作记忆也在此区域进行加工。

阿特金斯和墨菲（Atkins，Murphy，1993）明确了反思过程的三个阶段。首先是感觉不舒服，然后是对此进行批判性分析，最后是对此形成自己的新看法。伯罗斯（Burrows，1995）给反思过程下的定义是："理解新信息并能对其进行批判性的思考，再提出问题并确认可能导致的后果的探究和发现（p. 346）"。科米斯（Kemmis，1985）对反思过程则有不同的说法。他认为反思过程具有分析性，内在方面强调思想和过程，外在方面强调个体所处的环境。就学习者而言，保德、基奥和沃克（Boud，Keough，Walker，1985）都认为思考和智能活动、情感活动有关。学生参与这两种活动有助于他们开拓视野以及从不同的角度理解问题。杜威（Dewey，1997）说："反思是人们从各个方面、各个角度思考某个问题，这样就不至于忽略任何重要的信息——就好比某人为了看得更仔细，索性把一块石头翻过来看看它背面藏了什么或者被什么东西遮盖着。"（p. 57）

我告诉学生，反思不仅仅使他们联想到已知知识，也促使他们质疑信息的来源渠道——不管是来源于作为教师的我、课文的作者或者其他任何渠道。我让他们像侦探破案一样抓住问题的核心。我还告诉他们，明白自己内心的感受和个人观点对问题的思考也很重要。

反思时间不是人们所说的休息时间。休息时间指的是大脑不大可能接收信息的时间（Erlauer，2003），而反思则不同，因为学生在学校待的一整天包括在课堂上都可以进行教学反思。

帕金斯（Perkins，1995）提到了三种不同的智能、神经智能、经验智能和反省智能。神经智能是神经效应对智能行为的促进，即大脑是如何有效进行联想并记忆的。经验智能包括个体的个人经历，该经历可以引发智能行为。反省智能指个体如何应用思想的知识、理解和态度。柏金斯相信经验智能和反省智能可以通过学习而获得，他认为反省智能是控制其他智能的系统。

反省智能是可以教授的而且必须通过教授获得，这已经成为一个共识。问题是如何教授？什么是有效的反思实践？在《大脑与领导才能》一书里，迪克曼和布莱尔（Dickman，Blair，2002）声明，"智能的反省性质可以被解释为有意识的恢复信息模式，以便察觉潜在的危害或承诺关系"（p. 96）。他们还认为要完成一个反思的任务，需要从五个方面考虑。

·**生理方面**。实质上，反思活动使大脑变得活跃。反思的对象越新奇，大脑的反思活动越活跃。

·**社会方面**。正如大脑对其他脑区进行搜索所得的结果一样，反思也可以使人们增加社会经验。

·**情感方面**。评价是反思过程的一部分。要评价某事是否值得反思，需要考虑情感因素。

·**建设性方面**。知识是在反思过程中构建的。新的思考模式和已提取的旧模式都可进行衔接。

·**支配权方面**。新模式有助于习惯的形成。

要点提示：反思是通过学习获得的一种习惯。

教师培养学生在课堂高效反思的七个习惯

斯蒂芬·柯维写了一本书，叫《高效能人士的七个习惯》，我从他那儿借用了这个吸引人们眼球的词语。阅读此书，读者至少可以记住七条策略。如果他们经常有意识地运用这些策略，那么就可以把它们变成一种习惯。根据科斯塔和考力克（Costa，Kallick，2000）所说，人类了解自身的思维是十六种习惯之一。他们认为："聪明人

对其思维技巧和思维策略进行设计、思考和评价。"（p. 5）

教师希望学生能认识他们自己具备的技能、使用的策略和个人经历。科恩（Cohen，1999）在《身心教育》一书里写道："我建议培养学生的两种能力，一种是自我反省的能力，另一种是理解别人的思想并有所感受的能力。这些能力有助于学生了解、表达和处理社会问题和情感问题的方方面面。"（p. 11）

习惯一：提问习惯

提问是反思知识的中心所在。马扎诺、皮克林、诺弗德、佩恩特和盖迪等人（Marzano，Pickering，Norford，Paynter，Gaddy，2001）认为，提问既不是推理性的，也不是分析性的，提问的问题应该着眼于重要的信息而非异常的信息。约翰逊（Johnson，1995）把问题分为以下几类：量性问题、比较/对比问题、感觉/意见/观点/个性化问题、"如果……怎么样"的问题和"怎么会……"的问题。她还把提问分成主动提问和被动提问两类。主动提问指学生提出问题；被动提问指学生对问题的回答。教师希望学生在反思过程中能做到两点：提出问题和回答该问题。因为这两点对于培养学生的提问习惯都很重要，所以教师应该给予足够的重视。为了帮助学生做到以上两点并把它们变成一种习惯，教师应该给学生示范如何自己提问以及如何找出答案。

福格蒂（Fogarty，1997）曾提到"大"问题和"小"问题。"大"问题需要使用例子进行讨论和解释，而"小"问题只需简单回答"是"或"不是"。雅各布斯（Jacobs，1997）也探讨了一些基本问题的概念，用以组织和改进课堂教学。

反思问题通常以"为什么"和"怎么样"开始提问。教师用这些问题提问学生，是要求他们自己提问自己，例如，"如何知道自己学了什么？"教师提问的事实性问题（例如"谁？""什么时候？"或者"在哪里？"），并不像那些带有启发性或更具有深度性的提问那样会引导学生找出问题的连接点。上健康课的老师穿着牙齿仙女的服装缩短了与学生的距离之后，可以和学生们谈论口腔健康的有关事实和概念。教师可以使用提问策略，提出"面带微笑对我的生活有什么影响？"的问题，让学生对此进行反思。

教师应该选择一种提问技巧，并养成使用该技巧的习惯。教师可以采用以始为终的方法，给课文单元设计几个基本问题让学生思考。在讲授课文信息的时候，挑其中的一个问题来提问学生，以便让学生对此进行反思。如果教师经常使用这种方法，学生会自己提出一些扩展问题。这样，他们就逐步地养成了提问的习惯！

> 要点提示：阿尔伯特·爱因斯坦说："坚持提问至关重要。"

习惯二：发挥视觉想象力

俗话说，一幅图画胜过千言万语。视觉想象丰富的学生可以把许多信息暂时储存在空间较小的工作记忆里。霍华德·加德纳（Howard Gardner）在1983年写了一篇关于多元智能的文章，他认为很多人都具有图像空间智能，即在接收其他形式信息的同时可以使用该智能进行多层编码。教师应该加强培养学生这方面的能力。此外，PET扫描显示视觉信息可以促进大量的大脑右半球活动（Burmark，2002）。

教师忽略学生的学习喜好而要求他们进行视觉想象似乎是把这种意愿强加给学生。但是，从我用心智图法作为记忆工具的经验来看，不同类型的学习者都可以通过视觉图像来提取信息。

不同学生会得出不同的视觉图像，这非常有趣。我经常要求学生画下他们的视觉图像，然后和他们一起欣赏，并对此进行探讨。对于年幼的学生，画下视觉图像尤其重要。

人们都有定期使用的表象图式或者意境地图（Armstrong，1993）。这些情境记忆映象（内存图）有助于人们回忆有关的事件。教师可以将曾使用过类似策略的名人作为典范，鼓励学生在学习中尝试他们所使用过的策略。在我执教的班级，许多学生是体育迷，他们知道职业运动员会使用心像技巧来提高运动成绩。马克·马奎尔（Mark McGwire），就是一位利用视觉想象来练习的强壮的击球手，他知道大脑可以指挥自己练习并提高成绩（Gamon，Bragdon，2001）。阿尔伯特·爱因斯坦、查尔斯·达尔文、西格蒙德·弗洛伊德（Albert Einstein，Charles Darwin，Sigmund Freud）等人也曾使用视觉思维——通过表象来想象他们的理论。例如，爱因斯坦曾经想象追逐一束光线，这些联想成为他发现狭义相对论的基础。

教师可以要求学生画出储存在记忆里的视觉图像以便进行想象。这些图可以是：

- 画一幅从家到学校的地图。
- 画一幅自己想象的美国地图。
- 画一幅图显示计算机内部结构。
- 画一幅自己想象的学校或教室的蓝图。
- 玩猜猜画画游戏。
- 画自己想象的、能解释某些概念的符号，例如象征自由的火炬。

一旦学生意识到脑海里已经出现了这些形象，教师可以鼓励他们使用想象的力量来反思新的信息。

习惯三：记录学习体验

列昂纳多·达·芬奇（Leonardo da Vinci）7000 页厚的日记本仍被人们保存至今。他总是随身带着日记本，记下当天发生的每一件事，例如个人的某些想法、观察日记、听到的笑话和有关新发明的计划等（Gelb，1998）。

教师应该要求学生每天写日记。反思包括写下某些问题、观察日记、与已学知识的衔接，或者对某一堂课的感想。如果教师了解自己的学生——那就是说，如果学生关注该教师，而且对该教师的授课有浓厚的兴趣——那么，他们就会在日记本里记下这方面的相关信息。

根据目前的研究，用文字记述的经历给人一种支配感（Restak，2000）。在最初阶段，以下这些有关反思的句型模式也许会有所帮助：

- 我学了……
- 我想学更多关于……

- 我以前喜欢……
- 我以前不喜欢……
- 我以前不理解……
- 如果……我可能会更喜欢或理解得更好。

习惯四：定向思维指导

教师应该给学生时间思考已接收的信息。思维方式有很多种，教师可以使用下面这些可行的、创造性的思维方式：

- 思考……
- 回想……的时候。
- 思考将来……的时候。
- 设身处地替他人思考，他们会思考什么……
- 用再造性思维思考（之前这是怎么发生的?）。
- 用创造性思维思考（我能用多少种方法处理这个问题?）。
- 考虑使用比较法、类推法或隐喻法。

习惯五：根据学习成效图表反思

PMI 指的是图表组织者，用于给学生提供有序的反思时间。P 代表正面因素，如教师刚才讲的哪些内容对你有正面的促进作用? M 代表负面因素，如你不喜欢或不理解这些话题和概念的什么内容? I 代表趣味性，如你觉得这节课的哪些内容有趣?

教师可以制作水平的或垂直的 PMI 图表。如果学生已经使用该图表好几次，那么他们可以考虑用其他类型的图表。教师也可以用暗示代替趣味性，这对年长的学生可能是个好的选择（见附录 B 的例子和其他的图表组织者）。

习惯六：合作学习

要成功地养成这个习惯，教师必须培养学生和他人合作的技能。如第一章所述，如果教师把对学生进行情感智力技能的教授作为了解学生的一种途径，那么学生就能处理需要与他人一起反思的工作。

在 2004 年课程发展监督局的年度会议上，我有幸听到玛格丽特·薇特莉（Margaret Wheatley，2004）关于她最近的著作《互相聆听：以简单的对话唤醒对未来的希望》的演说。她对人们像机器一样紧张工作的现状颇有微词。"我们太忙了，所以没有时间思考问题或者和亲朋好友团聚。"她建议，人们应该留出时间让自己进行反思、聆听他人的意见，并学会互相理解。学生恰好可以利用反思阶段的合作学习做上述的事情。

约翰逊和贺路伯克等人（Johnson，Johnson，Holubec，1994）提出了合作学习的五个要素。下面从学生的角度来阐述合作学习的过程：（1）学生们知道这是一种团队学习；（2）学生们在学习上互相帮助，获得成功时一起庆祝；（3）每人都要明确自己的职责；（4）培养团队合作技能，例如解决冲突的方法；（5）集体反馈和独立思考。

上述几位作者都鼓励教师监督学生的合作学习，迪雷斯顿（Tileston，2000）还提出了"教师巡视监督"的建议。他认为，教师应该在教室来回巡视，以帮助学生专心学习。这样做也有助于教师检查学生是否掌握了已学的知识。通过和学生交谈，教师可以了解到学生对某个问题或概念的误解。为了纠正学生的错误，教师这时可以打断学生的合作学习做以讲解，或者事后花些时间给学生。表 2.2 是关于反思合作学习的步骤；表 2.3 则是关于反思合作学习的评分标准。

表 2.2　反思合作学习的步骤

1. 教师给学生示范该合作学习需要做什么。
2. 教师与学生讨论必要的社交技能并要求他们练习。
3. 教师要求学生两人一组结对，叫学生就某个问题进行独立思考，然后与结对的学生交换意见。因此，学生需要一定的时间独立思考，才能和同伴互相交流。
4. 教师决定如何给学生结队。我通常建议由教师负责做此决定。教师可以考虑这样几种方式：随意结队；均匀结队；性别结队，等等。
5. 教师要留意时间，因为学生对信息的掌握时间会因人而异。
6. 教师要求学生在合作学习中承担一定的责任，但不能过分强调这种责任，因为这只代表个人意见。

表 2.3　反思合作学习的评分标准

	不及格 1 分	及格 2 分	良 3 分	优 4 分	得分
个人表现					
共享信息	不给组员传递任何信息	只传递很少量的信息,有些信息和主题有关	传递一些基本的信息,大部分信息和主题有关	传递很多基本的信息,全部信息都和主题有关	
重视组员的意见					
聆听别人的意见	讲话太多,既不听组员的意见,也不给其他组员讲话的机会	讲话占了大部分的时间,很少给其他组员讲话的机会	有时会听别人讲话,但自己讲的话还是过多	自己讲话和听别人讲话的时间各占一半	
与组员的合作	常和组员争论不休	有时和组员争论	很少和组员争论	从不和组员争论	
				总分	

习惯七：四维反思

学生对知识的多模式反思可以与运动、音乐、讨论以及图像相结合。下面介绍它是如何运作的。

①教师把写有重要观点的图表放在教室的四个角落。

②教师要求学生分组聚集在每个角落讨论相关的话题,以得出个人的观点和意见。

③教师把图表固定在架子上,或者贴在墙上,以便于学生写下他们的意见和观点。

④五分钟后,教师播放音乐或吹哨子示意学生转移到下一个角落。

⑤教师让每一组学生在写有其他组学生观点的清单上加上自己的观点。

⑥教师选定一个角落,由最后一组学生负责总结前面几组写下的信息。

⑦教师要求全部小组集中在一起讨论相关的信息。

如果教师习惯于在课堂上给学生反思的时间，这就需要有选择地去做。上课的内容可以决定教师要选择的反思习惯。例如，上课时学习第二次世界大战期间对犹太人大屠杀的跨学科单元时，许多学生对此会感触良多。如果该事件和他们有个人联系，讨论该话题也许会对他们造成伤害。在开始阶段用日记提问或思考也许是更好的反思习惯。选择与天气有关的科学单元，并在四个角落展示不同的天气情况，也许是四维反思最恰当的话题。

> 要点提示：成年人在学习新知识时会不断反思。而当年轻人在大脑中对所掌握的信息进行整理时，通过某种习惯进行反思也一样有助于他们联系已学知识。

教师的反思

教师是否对自己的教学进行反思或者能否有时间对此进行反思，这一点很重要。森吉等人（Senge et al.，2000）认为反思有三个不同的要素：

·重新思考问题。教师反问自己，如：学生理解了我的观点吗？学生达到了我规定的要求吗？教师可以质疑自己的假设和得出的结论。

·重新联想问题。如：还有谁使用不同的方法做这件事？思考事情发展的趋势、使用的数据和实施的方法。

·重新构思问题。设计可能发生不同情景的剧本，假设教师和学生处于每一种情景时应该怎么做。

根据斯特朗格（Stronge，2002）所说，是否善于反思是体现教师专业水平的一个标志。关于反思价值的研究发现，高效能的教师善于反思。在教学中善于使用反思提高教学质量的教师对学生的要求更高，因此他们教的学生学业成绩更优秀。

> 要点提示：善于反思并能教会学生如何反思的教师更了解学生的反思能力。而且他们对学生的反思能力有较高的要求。

考核学生的反思能力

　　教师教会学生如何反思后，可以考核学生对这些反思习惯的运用程度。当学生对知识进行反思的时候，教师应该在教室里巡视监督，以收集尽可能多的信息。通过学生对问题的反思，教师可以了解学生是否已经准备好进入记忆过程的下一个步骤——重编信息步骤。所以，教师可以根据表2.4里对学生反思能力的考核标准来决定学生是否能通过反思来联想相关的知识。

表 2.4　评价学生反思能力的考核标准

反思习惯	1分	2分	3分	4分	得分
	学生的做法	学生的做法	学生的做法	学生的做法	
提问	不提问，也不回答	提问不切题；答非所问	提出一个相关的问题	提出几个相关的问题	
视觉图像	没有任何视觉图像	视觉图像与主题无关	有一幅视觉图像	能够描述视觉图像	
记录学习体验	没有记下任何信息或记下很少信息	记下的信息与主题无关	记下的信息是重复别人说过的话	记下的信息可以衔接新旧知识	
定向思维指导	不按照指令反思	反思与主题无关的问题	按照指令反思	按照指令反思并取得良好的效果	
学习成效图表（PMI）	没有画图	画图但给出的信息不完整	画出现有的完整的图表	完整画出想象的图表	
合作学习	不参与合作学习	极少参与合作学习	和他人讨论的时间不长	通过与他人讨论，透彻理解问题	
四维思考	不和他人交流或不记笔记	极少和他人交流或笔记记得极少	和他人有一定的交流或记下一些信息	通过和他人交流或记笔记，透彻理解问题	

　　注：得3分或4分的学生可以进入重编信息的记忆步骤。

这节写作课的内容是介绍比较写作法和对比写作法。学生们走进教室看到我给米老鼠穿的布衣服后都笑了起来。我把布做的米老鼠和唐老鸭放在桌面上，一边介绍该写作方法的步骤，一边与学生们一起对它们进行比较和对比。这对学生来说并不难，而我的目的就是让学生轻松地学习。我希望他们的大脑能够集中注意该写作形式，而不是绞尽脑汁地思考两者的异同。

我们之所以能成功地对米老鼠和唐老鸭进行比较和对比得益于两个原因，一是因为情绪和新奇性首先有助于我了解学生；二是因为这篇文章篇幅不长，学生能由始至终对此保持注意力。我用红色记号笔标出两者的相同点，用绿色记号笔标出它们的不同点，这两支记号笔的不同颜色似乎也引起了学生们的兴趣。

接下来的时间是让学生对知识进行反思。我要求学生使用第二个反思习惯，即视觉思维习惯。"你们要虚构出两个人，根据他们的体型特征对其进行比较和对比。在脑海里勾勒他们的形象并对他们的形象的异同进行比较。"我给学生 5 分钟的时间对该信息进行思考。大部分学生都在进行联想，但是有些学生却在打瞌睡，有些学生在发笑，有些学生露出很严肃的表情，还有几个学生似乎还没进入状态。

"我们应该认真思考这个题目，想出两者的异同点。现在，拿出一张纸画出你想象的两个人物。比较并写下这两人的体型特征，再用箭头标明这些特征。"

听到我这么说，所有的学生都在忙于做这个练习。那些还没有想出人物形象，或者没有完全理解比较和对比写作法的学生开始应用他们的所学知识来写下相关信息。这时我在教室里来回走动，巡视学生写得如何，以便决定我在何时应该讲解另一篇文章、是否要求他们开始写文章。

要点提示：学习模式、情感状态或者具体内容都会影响反思过程。教师应该不断反思。

思考工作记忆里的信息

通过回顾有关智力迟钝学习者的教学策略的研究，贝尔蒙特、布特菲尔德和菲罗迪等人（Belmont，Butterfield，Ferretti；引自帕金斯，1995）得出的结论是：如果这类学生在掌握自我监控策略的同时还学会了记忆策略，他们也会在其他的学习环境中使用该记忆策略。他们所学的策略就是提问。

能够思考我们自己的思维习惯是终身学习的一个基本技能。反思习惯使我们更好地了解大脑是如何工作的。学生需要具备这种可以计划、监控和评价其思想的技能，因为它能帮助学生控制自己的思想和行为。了解我们怎样思考和为什么这样思考是一种元认知，它有助于人们在新的情况下应用思维技巧。

综上所述，学生一旦掌握了通过感官记忆和瞬时记忆进行学习的方法，就可以熟练掌握工作记忆的有关知识和概念。因此，他们在努力联想的同时也在练习新知识和寻找新旧知识衔接的突破口。

思考：

1. 有些学生对具体思想的反应会好些。这就是说，学生要理解信息，就必须进行思考。如果某种反思习惯不适用于每个学生，教师应该随时转换另一种反思习惯。

2. 由于许多学校都看重教学大纲的覆盖面和学生的测试成绩，教师在课堂上给学生的反思时间似乎是个奢侈品。但是，教师应该牢记反思步骤在很大程度上有助于学生获得可提取的记忆，而这意味着学生掌握信息的开始。

3. 有些学生可能会过度反思、过度分析某些信息或情况，这就是为什么教师有时候需要限制学生的反思时间。相反，另外一些学生可能无法恰当理解和把握信息，因此也就无法对此进行反思，教师若给他们太多时间思考则会干扰其他学生。

4. 不管使用哪种习惯要求学生进行反思，教师应该知道这么做是为了给出时间让大脑进行联想。

第三章　重编信息

自我生成的信息更易于记忆

> 如果你无法把某件事情付诸于文字，你就无法真正地理解它。
>
> ——早川博士（S. I. Hayakawa）：《思维与行动的语言》

新学年开始前一周，我收集了一大堆生活励志电影，如《生命因你而动听》《为人师表》《死亡诗社》和《危险游戏》等。观看这类电影不仅可以激励我的工作斗志，也可以使我从学年初的课、炎热的天气、新的教学大纲和学校的各种新规定中得到一丝解脱。

我看电影《危险游戏》的时候，突然意识到自己在提高学生记忆力这方面没有下足工夫。正如影片中向学生讲解诗歌的教师卢·安·约翰森（Ann Johnson）所说："这首诗是用密码写的，你们需要破解它的密码。"

我们的学生总是在不断地尝试解码，例如对教科书、一节课、视频和互联网等的信息解码。作为工具的语言会发生变化，学生对语言的理解也会根据他们的不同背景而改变。

我觉得自己好像发现了一个记忆固定剂。如果我的学生能"解码"并且用自己的语言重编信息，那么他们不但可以更正确地理解该信息，而且对该信息的记忆会更深刻。

什么是重编信息？

重编信息的意思是从不同渠道接收信息并用自己的语言生成信息的能力。该信息可以是符号式的，例如它可以用图画或动作表示。但是，教师应该清楚学生在测验时必须能够使用语言和别人共享信息。因此，在记忆过程的某个环节，学生必须通过纸笔来处理信息。

列维恩（Levine，2002）把重编信息定义为总结和释义的能力。他认为那些不能对信息解码并进行重编的学生的即时记忆容易出现障碍，所以他建议教师鼓励学生运用最拿手的感觉途径来解决该问题。

我赞同本章开头引用的早川博士的观点，即如果学生能用自己的语言书面描述所学知识，教师就可以知道他们掌握了多少知识。在刚学习新概念时，学生也许难以用文字去描述它们，因此需要使用另外一种表达方式，这就要求教师加以区别对待——按照各个学生的实际水平提供难度适中的方式（Tomlinson，1999）。如果教师在课堂上对学生区别对待，就应该允许他们在重编信息时自由地选择其他的信息表达方式。当学生向教师表明他们已经掌握了所学知识之后，就可以学习其他的表达方式（Sprenger，2003）。由于教师上课时会讲授一些在纸笔测验中可能会考核的信息，教师应该鼓励甚至要求学生使用语义途径。

要点提示：自我生成的信息更易于记忆。

为什么要重编信息？

我作了一个关于记忆的演讲，观众约1400人。我说："如果有人想与我们分享你曾经历过关于记忆的好例子，请站起来。"我的话音刚落，就有很多观众站了起来。

"请曾经丢过钥匙的朋友举手。"我说。这时,我看到所有人都举起了手。

"你们当中有多少人总会把钥匙放在家里或办公室里一个专门的地方保管呢?"这次他们再次举手。"除非你们没有钥匙可放,要不你总得找个地方放好。"我说。他们听了之后都笑了,并点头表示同意。

"说真的,我也经常找不到钥匙,有好几次我差点想打电话给心理咨询热线,想问他们我怎样才不会再丢钥匙。"我对他们说,"记忆研究对改善和加强我们的记忆将大有帮助。我们无法提取没有储存的信息。如果你找不到钥匙,那是因为你脑子里想着太多的事情,所以你很容易忘记把它放在哪里了。因为你没有用到自己常用的特定组织模式,这就是为什么一步步回想所发生的事情有助于恢复你的记忆。"

许多记忆专家(e.g., Small, 2002)提出,组织信息对有效的记忆起关键的作用。我们是否能成功地储存和提取信息,取决于我们能否系统性地根据不同的组、形式和其他结构单位有效地排列信息。

我曾在研讨会上做了这么一个测试:我读出列有大约 10 个单词的清单,要求被测试者在规定的时间把它们全部写出来。在他们写出全部能记住的单词之前,我还拖延了几秒钟的时间。首位和近位效应理论认为人们记住头尾的单词通常多于中间的单词,所以大部分人都不能写下每个单词,特别是排在中间的单词。接下来,我按照单词的类别读出单词,他们一般都可以想到有关的单词并写出来(如表 3.1、表 3.2 所示)。因此,我对他们特别强调了一点,即告诉学生如何有效地组织信息对于信息的储存和提取非常重要。

恩格尔等人(Engle, Kane, Tuholski, 1999)相信,工作记忆容量大的人在大学入学考试、智力测验和阅读理解测验中的得分较高。北卡罗来纳州立大学社会认知实验室的研究认为,一般来说,写作会影响工作记忆容量。此项研究测试了三个小组:第一组描写一次愉快的经历;第二组描写一次不愉快的经历;第三组描写一些日常活动。结果显示,通过写作他们都扩大了工作记忆容量(Klein, Boals, 2001)。

表 3.1 分类（分类前）组织单词记忆（20 个）

苹 果	汽 车
锤	梨
火 车	玫 瑰
橙 子	扳 手
百 合	松 鼠
菊 花	飞 机
斑 马	狮 子
郁金香	钳 子
锯	骆 驼
樱 桃	船

表 3.2 分类（分类后）组织单词记忆（20 个）

水 果	动 物	花 朵	交通工具	用 具
苹 果	松 鼠	玫 瑰	汽 车	锤
梨	骆 驼	百 合	火 车	扳 手
橙 子	斑 马	郁金香	飞 机	钳 子
樱 桃	狮 子	菊 花	船	锯

其他的一些研究报告也支持自我生成材料产生的积极作用。布鲁宁、沙洛和洛宁（Bruning，Schraw，Ronning，1999）都认为，学生解码信息并生成有意义的语境有助于提高记忆效率。关于生成效应的研究（Rabinowitz，Craik，1986）也不断地证明，当学生针对信息生成自己的意思时，他们的学习成绩得到提高。

自我生成信息对记忆过程有着重要的意义。学生对知识的理解包括接收清晰的语义信息，并按自己的方式对其编码，这样做等于在记忆过程中添加隐性记忆。如果学生正确地理解了信息，那么情感在此过程中也起到了一定的作用。学生对信息进行解码重编的过程，在某些情况下需要使用动作和程序组成部分。因此，这些因素都有助于加强学生的长时记忆。

组织信息在重编真实性信息的过程中显得尤为重要。大脑可以组织信息，但是如果我们不能操控该信息，就无法从记忆里提取。信息重编使得学生有机会以传递的模式来理清思路、组织材料和构建概念。这种传递模式不仅要借助于脑部活动，还离不开人脑这一特殊组织。

当我们以同样的方式重复提取信息而且不需要学习概念知识的时候，信息的组织过程也许会迥然不同。例如，我们学会了乘法表，每次都应该以同样的方式自动提取这方面的信息。虽然我们用机械的方法背诵就可以记住乘法表，但是仍需要掌握一些相关的概念。

对某些学生来说，组织信息并不容易。他们可能很难找到所需的信息、安排时间做手头的工作、处理复杂的任务、按优先次序列出要做的事情，以及理清他们的思路等（Levine，2003）。通过重编信息，学生学会了一些有用的而且在很多情况下都可以用得到的学习策略，即心智模式或图式。

> 要点提示：有意学习的记忆需要有意组织信息。

我们在重编哪些信息？

已经接收和经过反思的信息可以作为信息重编的对象。这些信息包括事实性知识、概念性知识或者程序性知识。我研究了布卢姆关于认知领域教育目标分类理论的《分类学习、教学与评估》（修订版）（Anderson et al.，2001）之后获得了一些启示：

·重编信息属于理解概念性知识的认知过程类别——教学信息（包括口头信息、书面信息和图表信息传递）的意义构建。

·程序性知识属于过程类别——在特定的情况应用、实施或使用某一个程序。

·事实性知识属于"铭记"类别。重编信息有助于教师测试学生对授课内容的掌握和理解。在某些情况下，一些对学生很重要的信息也可以从测试中获得。

教师如何重编事实性知识？

事实性知识包括术语和详图。这些需要用同一种方式铭记的信息应该通过教师的教授来获得。了解这些信息对学习概念和程序知识是非常重要的基石。斯坦伯格等人（Sternberg，Grigorenko，Jarvin，2001）认为："如果一个人对任何事物都不了解，他就无法分析他的所知（分析性思考能力）、超越他的所知（创造性思考能力），或应用他的所知（实际性思考能力）。"（p. 48）

重编这些信息需要使用不同的方式。对某些学生来说，多次写出信息或许很有用，正如他们重复练习拼写单词一样；而有些学生会用口头重复的方式；而用符号、音乐或动作会对其他的学生有所帮助。

词汇是一种事实性知识。研究证明，教师应该使用直接教学法教学生学习单词。为了帮助学生通过语境理解单词的意思，教师在讲解课文之前需要解释单词。研究还建议把单词和某个相关的表象联系起来是最好的学习方法（Marzano，Pickering，Pollack，2000）。因此，我建议教师使用下面的步骤教单词：

①选出课文里的重点单词。
②通过代表每个单词的表象引出单词并进行解释。
③要求学生思考这些单词的意思和表象。
④要求学生思考并提出能联系每个单词的表象。

> 要点提示：事实性信息是理解概念知识的基石。

如何重编概念性知识？

以下的七个认知过程可以帮助学生正确理解教师的教学信息（Anderson et al.，2001）。如果教师要求学生不仅能牢记信息，还会转移信息，以及在任何情况下都能使用该信息，就可以使用下面列出的七个程序：

·诠释信息
·举例说明
·分类信息
·概括信息
·推理信息
·比较信息
·解释信息

有关的研究证明，这些策略大都有助于提高学生的成绩，因此建议学生在重编信息阶段和运用知识阶段都使用上述策略。

诠释信息

重编知识的意思是诠释信息，或把信息从一种形式变为另一种形式的能力。学生在课堂上作笔记，并非只是逐字记录教师讲的话语，而是在诠释教师的教学信息。

诠释的类别包括释义、阐明和翻译。释义的意思是：

·根据原文的意思用自己的话，说出或写出一段话。

·更换口头或书面段落的单词或词组，但是要保留原意并能完整体现出原文意思。

·改变了形式的意思要忠于原文。

教师直接教授学生如何诠释信息使大量学生获益良多（Olivier, Bowler, 1996）。诠释可以有很多种不同的形式。学生可以释义一段著名的演讲，解释有丝分裂的过程，解决数学难题，或举办舞会让清教徒或印第安人表达他们的情感。教师应该训练学生在其他情况下也能够使用诠释信息的能力，因为他们在现实生活中和在标准化测验中都会用到诠释的技能。

斯蒂金斯（Stiggins, 2001）认为学生多练习如何诠释信息有助于提高他们的考试成绩。教师可以给学生做的诠释练习包括：给出一段简短的段落、表格或曲线图，再提出一系列要求学生对已给信息进行诠释的问题。

举例说明

举例说明的意思是使用被称为"例证"的语言形式来解释事物含义的信息传递的做法。给例证下定义的方法有好几种。例证可以是某个小组的代表、某种特定的模式、某个包含惯例的相似案例、用来解释某个原则或概念的问题或练习。

许多学生喜欢找出例证。学生学习几何学时常做的一个作业是给角度下定义并对此进行讨论。教师常派学生到大楼里进行"实地考察",寻找他们学过的角度。例如,学生在楼房里嵌有玻璃的门上可以找到直角。因此,学生能够运用学过的知识、原则和概念找到自己需要的例证。

卡恩(Kahn,2002)认为,一套好的例证包括简单的、典型的和独特的例子,它可以和一些非例证互相补充。简单的例子是不诠自明的,典型的例子包含某个想法的所有特征。独特的例子指学生真正理解了相关信息后举出有创意的例子。非例证能反映出学生对问题的理解,如果学生明白了什么不适合用作例证,说明他们对概念的理解已经到位。教师也可以用图形组织者作举例说明,见附录B的例子。

讲故事属于举例说明的一种形式。学生喜欢讲故事,因为故事里的某些信息体现了某些原则和概念的重要内容。达马西奥(Damasio,1999)说,讲故事"可能是一种脑部活动"。就进化论和复杂度而言,很早以前,可以说在语言产生之前,人们就开始讲故事了。讲故事是语言产生的先决条件,它的活动区域不但位于大脑皮层,而且遍布大脑的其他区域和左右脑半球。在《创设连接:教学与人脑》一书里,凯恩(Caine,Caine,1994)声明:"我们有充分的理由相信,用讲故事的形式组织信息是自然的大脑加工。"既然如此,我们为什么要和自然规律作对呢?如果举例说明的方法对教师的授课内容有帮助,那么教师应该鼓励学生重编故事信息。

插图是举例说明的另一种形式。人们做了55个实验以比较学生使用有插图和没有插图的课文学习的效果。结果表明，课文插图可以提高学生学习的兴趣、乐趣和对课文的理解。据核算，使用有课文插图的小组要比使用没有插图的小组的成绩高出 36%（Burmark，2002）。能够画出或找出插图，对概念进行举例说明，对视觉和动觉学习者尤其重要。

分类信息

如果我们需要假设某物属于某个特定类别，就需要了解该物的明显特征。根据安德森（Anderson，2001）所言，分类和举例说明是两种互补的能力。如果教师需要举例说明一件事情，就要从一般概念或原则着手，以引导学生理解更具体的现象。分类则是用具体的例子引导学生理解一般概念或原则。

分类任务可以是教师导向型的，或是学生导向型的。教师导向型的任务，指教师给学生一些要素和种类进行分类。学生重编信息时，需要决定哪种要素属于哪个类别，并注意弄清楚这样分类的原因。学生导向型的任务，指学生必须理解这些要素并对其分类（Marzano，Pickering，Pollack，2001）。

用学生导向型分类进行重编信息的作业，可以参考下面的一段话：

> "列出一条清单，写出我们刚讨论过的美国内战英雄。对你选择的英雄进行分类，但是要确保这种分类紧扣其中的一个教学目标，如学生应该熟悉参与美国内战的重要人物。"

而教师导向型的分类作业可以参考下面的一段话：

> "列出一条清单，写出我们刚讨论过的美国内战英雄。使用下面的类别，以表明你了解参与美国内战的重要人物：联系、职务和战役。"

由于学生导向型分类要求更高级的认知过程，因此教师需要对学生区别使用该策略。对已经准备就绪过渡到高级过程的学生，教师可以布置学生导向型分类作业；而对给那些缺乏准备的学生，教师则布置教师导向型作业。图表组织者对这类信息的重编很有帮助。如T形图、心智图、腹板和韦恩图等（见附录B），都是些有用的组织者例证。

当我们分类时会出错吗？也就是说，某些分类会优于其他的分类吗？答案是肯定的。想想这个常见的问题：用电脑对你的文件进行归类。你是否曾完成一份文件并想过给它起不同于其他的文件名？在你给文件命名的时候，在工作记忆里有大量这方面的信息。面对如此多的信息，根据选定的文件名，你肯定可以毫不费劲地找到需要的文件。过段时间后，如果你需要提取该文件，就得不断进行搜索，但你用的文件名却无法激活那些相关的记忆。在找到需要的资料前，你得核查好几个文件。我们的大脑和电脑差不多一样。如果信息类别和分类不明显、释义不清，我们在储存和提取信息时会遇到困难（Baddeley，1999）。

辨认异同的研究也包括分类（Marzano，Pickering，Norford，et al.，2001）。通过比较事物异同来获取知识的学生的学习百分比增益是31%～46%。这些令人鼓舞的结果表明，使用最佳的分类法重编信息的策略对学生很有帮助。

概括信息

学生在构建信息表征时需要用到重编信息的策略。一个很权威的研究机构证明，在这种情况下，学生的百分比增益达到了47%。概括信息有两条基本原则：填补信息和整合信息（Marzano，Pickering，Pollack，2001）。概括信息的内容包括摘录文章的主题和大意，它是标准化成就测验经常测试的一项技能。列维恩（Levine，2002）建议："所有学生都应该提高概括能力。"

如果学生能阅读一篇或更多的文章，并概括总结出重要的概念和大意，他们就可以在不同情况下运用该项技能（概括能力）。因此，学生应该明白他们在概括时需要做到以下几点：

· 剔除不重要的信息

- 删除重复的信息
- 把同类的单个词素归类（如黄金、银器和镍属于金属）
- 给出一个主题句

概括范例

原　文

作为儿童的男孩和女孩的大脑半球各有差异。一般来说，女性的脑部开始发育时，左脑半球较大，而男性从孩童时开始，右脑半球较大。这个现象很有意思。如我之前所说，我们知道女性的语言能力比男性强。实际上，女童掌握的词汇量大于同龄的男童。如果我们再留意左右脑半球的功能，这种说法是完全有道理的。语言是左脑半球具备的功能之一。如果女孩的左脑半球发育较早，她们的沟通技巧和词汇量都比男孩强，这并不足为奇。布法罗大学做的一项研究比较了男女婴儿的脑半球差异情况。令人大为吃惊的是，女婴用左脑半球聆听声音和加工语言，男婴则用右脑半球。这似乎表明男婴要到9个月大时才会使用左脑半球加工信息。那就是说，女婴左脑的语言中枢的神经元网络已完成连接好几个月了，男婴的左脑半球才开始工作。

剔除多余语句的概括范文

~~作为儿童的~~男孩和女孩的大脑半球各有差异。~~一般来说，~~女性的脑部开始发育时，左脑半球较大，而男性从孩童时开始，右脑半球较大。~~这个现象很有意思。~~如我之前所说，我们知道女性的语言能力比男性强。~~实际上，~~女童掌握的词汇量大于同龄的男童。~~如果我们再留意左右脑半球的功能，这种说法是完全有道理的。~~语言是左脑半球具备的功能，~~之一~~。~~如果~~女孩的左脑半球发育较早，她们的沟通技巧和词汇量都比男孩强，这并不足为奇。布法罗大学做的~~一~~项研究比较了男女婴儿的脑半球差异情况。~~令人大为吃惊的是，~~女婴用左脑聆听声音和加工语言，男婴则用右脑半球。这似乎表明男婴要到9个月大才会用左脑半球加工信息。那就是说，女婴左脑的语言中枢的神经元网络已经完成连接好几个月，男婴的左脑半球才开始工作。

概括大意

男孩和女孩的大脑发育各有差异（新主题句）。女性的脑部开始发育时，左脑半球较大并具有语言功能；而男性脑部发育时，右脑半球较大。这也许可以解释为什么女性的语言能力较强。实际上，女童掌握的词汇量大于同龄的男童。布法罗大学比较了男女婴儿的脑半球差异情况，发现女婴用左脑聆听声音和加工语言，而男婴则在 9 个月大时，他的左脑才会这样做。

听一场演讲可以使学生受益匪浅，如马丁·路德·金（Martin Luther King's）的《我有一个梦想》；和结对的学生或组员一起概括文章的某个段落也有助于他们理解整个概括过程。教师要求学生阅读课文的一段话，然后给出合适的题目的方法也属于概括。对许多学生来说，这并非易事。他们对课文内容的理解和掌握越好，就越容易概括课文内容。提纲的作用不可忽视。《课堂教学实用指南》一书中以提问的方式探讨一些常见文体的提纲，如记叙文、限题说明文、议论文，以及有关定义、提问、解答或对话等文章片段。

推理信息

推理是基于证据得出结论的一种能力。作为语言艺术教师，我发现教授学生如何认知的难度相当高。推理也是国家级测验经常测试的一项技能。就语言艺术而言，文章的主题是作者试图和读者共享的一般概念。然而，作者却很少书面写出文章的主题思想——因为这需要读者通过阅读进而推理得出结论。我发现把事实和推理区分开来对此很有帮助。事实是我们能够观察的事物，而推理则意味着对某事的诠释，有时经过推理得出的结论有可能是无法解答和论证的。

学生必须学会领悟文章的言外之意以得出推论。一个三列的柱状图可以以图表组织者作为参考。图的第一列标出"事实"或者"我肯定知道的事情",中间一列标示"问题"或者"令我吃惊的事情";第三列注明"推论",此列的陈述以"也许"或"可能"开始。内容包括"事实"(或者"我观察或知道的事情")和"推论"(或"我的解释")的两列柱状图也是可行的。由于学生通常会热衷于侦探推理工作,所以在一定的语境中得出推论是联系授课主题的有效途径。

马扎诺、皮克林、诺弗德、佩恩特和盖迪(Marzano, Pickering, Norford, Paynter, Gaddy, 2001)建议教师可以把下面的推理问题写在图表里:

  · 此人处于什么特殊的情绪状态?
  · 此事通常会在哪里发生?
  · 人们通常会如何处理此事?

托瓦尼(Tovani, 2000)在《我读了,但我不理解》一书中建议教师首先要帮助学生区分个人意见和推论这两者的不同特征。个人意见有可能以事实为根据,但我们却不能这么假设。单纯使用个人意见来诠释课文显然不够充分和全面。教师可以问学生什么词语有助于他们得出结论。界定以下的词语:

  · 预言:指逻辑猜想,基于确定的事实或课文反对的事实。
  · 推论:指逻辑性的结论,基于课文线索和背景知识。
  · 假设:认为理所当然的事实或陈述,可能是正确的,也可能是不正确的。
  · 意见:指个人并非根据有见地的或荒谬的事实而得出的信念或结论,它只是没有经过证实的个人想法。

哈维和高德维斯(Harvey, Goudvis, 2000)建议,教师和学生玩字谜游戏是帮助他们掌握推理技巧的途径。讨论、阅读肢体语言和视觉表情也能促进学生学习如何推理。

比较信息

元分析结果(指混合分析和分析几个研究的结果)表明,教师教授学生识别不同事物之间的异同对于提高学生的成绩最为重要。该研究得出以下四项结论（Marzano，1998）：

·教师给学生提出明确的指引以识别事物的异同，可以提高学生理解知识和应用知识的能力。

·教师要求学生独立识别事物的异同，可以提高他们理解知识和应用知识的能力。

·教师要求学生用图表或符号形式描述事物的异同，可以提高他们理解知识和应用知识的能力。

·教师教会学生使用不同的方式以识别事物的异同。

为了有效地对不同的事物进行比较，学生必须理解基于异同的、能起决定作用的特征。常用此策略的图表组织者叫韦恩图（见附录B）。我以前常鼓励学生思考这些图表。共性写在圆圈重叠的中间；非共性或不同的特征放在每个不交叉的圆圈里。

隐喻法和类比法也有助于学生比较信息。使用这两种策略时，教师可以先给出一个陌生的概念，然后用一个熟悉的概念来等同前者。我会引用莎士比亚的话开始教授隐喻的概念："世界是个舞台。"这句话比较了两个不同的事物：世界和舞台。我要求学生对其进行讨论，用图表找出它们的异同。

其实，最好的隐喻例子就是学生们自己举出的例子。我一般会运用以下的步骤：

1. 从我们学过的题目里，选择你感兴趣或有所了解的话题（如天气和电脑）。

2. 给每个题目下定义（如：天气——大气状况；计算机——可进行计算的机器）。

3. 确定两者在准确性方面的相似度（两者都是易变的）。

4. 确定两者在抽象性方面的相似度（天气，如风暴，可以影响计算机的正常使用）。

类比法通常设一条公式"A 和 B 的关系就如 C 和 D 的关系一样"。参加过米勒类比测验的人对这个概念较为熟悉。教师可以给出一个例子，向学生解释这个公式所表达的意思。例如：鱼——游泳；

鸟——飞行。

如果学生可以自己给出相关的类比例子，那么不同关系的复杂性会帮助他们理解相关的概念知识。以下是涵盖了许多内容的不同类型的类比例子：

- 同义词——母亲：妈妈；父亲：爸爸
- 反义词——吸入：呼出；留下：离开
- 定义——盒子：由四面组成的容器；球：一个球形物体
- 物体对功能——笔：书写；车：驾驶
- 部分对整体——舌头：嘴巴；头部：身体
- 类型对例证——流感：疾病；沃尔沃：车
- 位置——巴黎：法国；书：图书馆
- 零件——蛋糕：奶油；计算机：芯片

研究建议，儿童使用类比方法的能力和他们的工作记忆容量有关。此项研究中令人振奋的消息是年幼儿童也可以通过使用类比法获得信息（Singer – Freeman，2003）。

教师教授隐喻法可以帮助学生识别未知的事物。隐喻法和类比法强调事物的内在联系，并帮助学生认识和理解相关的模式。此外，习语和明喻法也有助于学生组织和联想相关的信息（Richards，2003）。

解释信息

因果关系有助于我们理解解释的定义。学生可以基于给出的某个体系的描述，得出并应用因果关系模式。他们必须了解该体系的特性和它们之间的相互联系。

因果关系可以用"如果……那么……"的模式来表达，例如：

- 如果你感染了感冒病毒，那么你可能会感冒。
- 如果你在行车时打电话，那么你可能会发生事故。

在表达因果关系时，学生可以使用这些连接因果关系的词语，如影响、改变、为什么、原因、结果、结果是、由于、原因是、后果和减少等。

一般来说，学生对事情的发生会觉得好奇。学生可以通过"结果——原因"或"原因——结果"的方式来重编信息：

· 彼得恨麦克，因为麦克对彼得说谎。

· 麦克对彼得说了谎，所以彼得恨麦克。

正因为任何事情的发生都有其原因，教师的授课内容大都会提及因果关系原则。教师会提到一些涉及因果关系的问题，但却不一定会使用关联词：

· 你往一杯牛奶里倒柠檬汁，会怎么样？

· 如果你在图书馆发出噪声会怎么样？

· 为什么小心驾驶非常重要？

· 如果你吃多了会怎么样？

T形图可以用作图形组织者表示因果关系（见附录 B）。原因或结果越多，选择就越多。

要点提示：学生重编新信息时可以构建自己的记忆。

非语言表征用于重编知识

非语言表征指的是没有文字的任何形式的信息，如动态活动、图画和图表表征。实际上，学生接收语义信息后会把它转化为非语义信息。

许多研究者认为人们总是借助语言和表象来表达信息。例如，马扎诺、皮克林和波拉克（Marzano, Pickering, Pollack, 2001）使用几种图表组织者作为以下几种方法的例证，如诠释、举例、分类、概括、推理、比较和解释等。他们的研究结果表明学生成绩的百分比增益达到了 40%。

T形图有助于某些学生使用画图、制作模型或移位等方式来重编信息。在图的左边，学生们用语义阐述已知信息，并在图的右边配以图画或符号。英国的托尼·布赞（Tony Buzan, 1974）相信心智图有助于脑兼容记忆策略，尤其是对于有诵读困难的学生。因为那些学生脑部的语言中心受到了干扰，而使用心智图，他们只需用图像和符号就能获得大量信息（Kenyon，2002）。

如果学生已经对非语言信息进行重编，就要尝试重编使用语言。因为重编信息有助于学生掌握概念。一旦学生理解了概念，语义途径的转化可以为考核提供有利的证据。

重编程序性知识

既然重编信息的目的是让教师了解学生是否掌握了所学的内容，那么这对于重编程序性知识也同样适用。例如，教师向学生介绍某一套程序之后，给他们一定的时间对此进行思考和消化。接着教师要求学生重编该程序，以确保他们理解相关的概念。比如，如果教师用以下的程序解数学难题，就可以要求学生用自己的话重写这些步骤：

①问题是什么？
②重要的事实是什么？
③你有足够的信息解决这个问题吗？
④你的信息是否太多？
⑤你会用什么样的操作方法？
⑥标明你的答案。
⑦你的答案是否合情合理？

接着学生可以以某个程序应用一个问题，看它是否能解题。如果学生的重编知识步骤不能解决问题，他们可以对此作出一些改变。此法也适用于科学和其他领域的程序。

作决策是教师鼓励学生掌握的另一个程序。学生可以根据以下原则作为指引：

①解释某个问题。
②设立目的/目标。
③解释选题的标准。
④收集相关信息。

⑤找出可行的替代方案。

⑥预测将来的后果。

⑦比较替代方案。

⑧选择最好的替代方案。

克伦奈（Crannell，1994）说："专职数学家花大部分的时间写作，包括写信给同事、写申请获取补助、写论文、写工作备忘录和教学大纲。出色的写作能力对数学家非常重要，因为写作能力逊色的人很难发表文章、引起系主任的注意和获取经费。许多数学家花大量时间写作，做数学题的时间反而不多。这听起来颇有点讽刺意味，但事实就是如此。"她建议以下的步骤可以用于数学论文写作：

①清晰地重新论述要解决的问题。

②用完整而独立的句子陈述答案。

③清晰地陈述算式的假设。

④提供一段话，解释如何处理问题。

⑤清晰地注明图解、表格、曲线图或其他有关数学的视觉表征（如果这些能真正利用的话）。

⑥定义可以使用的所有可变量。

⑦解释如何导出每道算式，或如何推导出此算式？

⑧在适当的时候给予答复。

⑨拼写、语法和标点符号是否正确无误？

⑩数学运算是否正确无误？

⑪作者解答了读者最初提出的问题吗？

要了解更多关于数学的信息，可以观看课程发展监督局的《人脑与数学》的视频系列资料（参见 ASCD，2001）。

要成为出色的作家，跨学科写作是一个重要因素。很明显，研究结果支持这个观点，即学生写下有关的内容、概念、事实或程序是一种巩固学习。在《跨学科写作》一书里，库克（Cooke，1991）说："要求学生写作……是鼓励他们根据教师的规定积极参与学科学习：熟悉各种模式、交换意见、理解意思——换句话说，这就是学习。"

要点提示：学生必须理解所学程序内包含的概念，以便让这些信息具有可传递性。

处理工作记忆的信息

重编信息过程使大脑有时间和机会联想相关的信息。如果学生能够用自己的语言阐明事实、概念知识和程序信息，说明他们完全掌握了该信息。

教师应该要求学生在课堂上对信息进行重编，因为让他们回家对信息进行重编是一种压力。在学生重编信息的过程中，教师不应该让他们在课堂上做作业或做练习，反而要给时间让他们提问和解决问题。学生刚对信息进行了反思和"试用"之后，即进入重编信息阶段。处理工作记忆的新知识是大脑连接神经元网络的开始，如果连接正确，新知识将会得到巩固并转为长时记忆。

思考：

1. 思考你现在习惯使用的教学策略。你经常使用重编信息的策略吗？你如何在教学过程中使用该策略？

2. 教师有规律地按照这些步骤去做，有助于学生了解哪种策略对他们最有帮助和最有意义。反思你一直使用的重编信息策略，是否会觉得自己使用这些策略的效果要比其他策略好？除了使用你擅长的策略，尽可能多地向学生介绍这些基于研究的策略，使他们有机会在更多的情况下能够使用这些策略。

3. 教师应该清楚学生有不同的学习方式。视觉学习者需要写下信息并看到该信息；听觉学习者则首先需要听到信息；动觉学习者或许需要制造一个模型。你如何准备教案以适应这些不同的学习方式呢？

第四章　巩固反馈

反馈对学习至关重要

建立一种目标指向型文化，最有效的途径之一就是无论在私下还是公共场合都对改良成果进行有规律的巩固和认可。

——麦克·斯摩科（Mike Schmoker）：
《结果：学校不断变革的关键》

观摩学前幼稚园班，是我在州教育委员会的工作职责之一。虽然我在一开始做教师时就教这么年幼的孩子，但那是很多年前的事情了。基纳夫人负责执教该班，她正和学生玩一个很常见的"冷热"游戏，我记得自己小时候也玩过。游戏规则是指定某个孩子（"它"）离开一会儿，而其他孩子则趁机选定一个目标对象。离开的孩子（"它"）回来时，大家齐声唱歌。如果歌声足够响亮，"它"会"发热"，进而靠近选定的目标对象；如果歌声不够响亮，"它"会"发冷"，进而远离该目标对象，去寻找大家选定的那个目标对象。

看到这种情况，我开始思考玩"冷热"游戏的意义。我确信孩子们必须自己决定何时放声高歌，何时轻声吟唱。当他们想给"它"指出或提供选定目标对象的暗示时，就不得不控制自己。我觉得特别有意思的是歌声给"它"提供的反馈，该反馈信息连续不断地显现，使每个孩子在搜寻目标时都不会感到气馁。通过不间断的信息反馈，每个孩子都可以成功地找到选定的目标对象。

我第二次到这个班观摩的时候，基纳夫人让学生们玩此游戏时换了个玩法。这次选定的目标对象是红色的乐高积木。当被指定的孩子（"它"）离开教室时，大家藏好积木。"它"回来时，根据"它"挨着目标对象的远近，大家轮流说"热"或"冷"。孩子们在玩这个游戏时都能再次成功地找到目标对象。

接下来情况发生了有趣的变化。一个幼稚班的孩子走进教室内，递给基纳夫人一张纸条。他是基纳夫人去年教过的学生，曾经玩过这个游戏。他声明："我也想和你们一起玩游戏，如果我'发热或发冷'了，请告诉我。"孩子们按他的话照办了。但是，当孩子们挑选积木作为目标对象的时候，这个男孩并不在场，所以他不知道乐高积木就是目标对象。因此，不管他有多"热"，他只能随意猜测目标，而总是找不到正确的目标，这使他很恼火，他没有找到积木就退出了游戏。男孩离开教室后，一个名叫莎利的小女孩问老师那个男孩当时为什么没有找到乐高积木。她担心是不是自己哪里做错了，使得那个男孩没有找到目标。可是问题并非出在反馈这里。实际上，孩子们给予男孩的反馈信息是完美的，然而它是否有效在于他必须知道已被选定的目标是什么。

基纳夫人后来花了些时间向孩子们解释那个男孩为什么不能找到目标对象，她还举例说明了明确的目的和目标对于成功的重要性，因为它们可以帮助人们成就追求。

巩固反馈，指教师根据明确的教学目的与教学目标给予学生的鼓励帮助和反馈信息。当学生通过重编信息掌握了概念性知识和程序性知识之后，下一步就轮到教师给学生提供反馈信息了。

什么是巩固反馈？

巩固反馈是教师对学生的学习成绩或他们为此付出的努力而给予语言性或象征性的奖励［西北地区教育研究室（Northwest Regional Educational Laboratory，NWREL），2002］。反馈可以鼓励学生，以加深他们对所学知识的理解。教师应该即时让学生知道他们的知觉和理解是否正确，如果必要的话，教师还可以重塑学生的知觉和理解，甚至重新授课。在学生的概念性知识变为长时记忆之前，教师的反馈可以纠正学生对该知识的误解。此外，教师还有必要知道学生是否收到了该反馈。如果教师了解到学生已掌握了授课内容，就要帮助他们对此进行强化，并把它转化为长期记忆。在这个时候教师不用给学生打分，因为这只是学习的开始。巩固知识为工作记忆的再次转变提供了足够的时间。换句话说，知识变为长期记忆的时候必须是近乎"完美"的。教师帮助学生巩固已学知识可以提高学生的成绩吗？答案是肯定的。教师定期地提供反馈给学生和帮助他们巩固已学知识可以提高学生的成绩。教师应该根据教学目标来实施巩固反馈，比如可以利用同伴评价的方法给学生提供反馈；组织计算机辅助教学活动，以提供有关学生学习成绩的即时反馈；布置需要即时纠错并迅速发回的作业——在课堂上由学生发回、或稍后由教师发回；使用训练学生如何互相提供反馈和巩固知识的同伴辅导策略等（NWREL，2002）。

要点提示：作为一种改进方法而提出的反馈信息更有效。

哈蒂（Hattie，1999）说过："教师改进教学的最简单的方法是使用'块状反馈'——给学生提供的反馈信息包括学生应该如何理解信息、他们为什么会误解信息以及告诉学生如何改进。"他分析了8000多个研究报告，结果显示教师使用教学反馈比其他策略能更有效地提高学生成绩。

反馈的类型

反馈有不同的类型和渠道来源。学生可以从教师和同学，甚至是他们自己那里获得反馈。分数是反馈的一种形式。但是教师在此阶段不适合给学生打分。而且，此时给学生布置作业也为时过早，这时教师应该给予学生评价，让他们知道自己的学习情况进展得如何。

查普斯和斯迪金斯（Chappuis，Stiggins，2002）提出了两种评价：学习性评价和为学习而作的评价。为学习而作的评价是指教师在教学过程中持之以恒地提供反馈给学生。正如在长时记忆形成的每一个步骤都需要反思一样，巩固反馈也很有必要。为了加强学生的记忆，教师反馈应该有助于提高学生的学习兴趣，从而使他们专心学习，并允许学生对其学习作出调整。当教师教授一年级学生某种练习策略来帮助他们记忆时，只有那些获得关于如何反馈有效的反馈信息的学生会继续使用此策略（Higbee，1996）。

在《协调评价：问责制和提高学生学习的关键》一书里，美国国家教育协会（2003）指出在以下几种情况下学生的学习成绩能获得最大限度的提高：教师提高课堂评价的准确度；经常给学生提供反馈（与偶有性反馈或判别性反馈相对）；鼓励学生积极参与课堂评价、笔记记录和信息交流等课堂活动。

巩固反馈阶段对于加强学生的长时记忆和实现记忆转移有重要的作用。斯特朗（Stronge，2002）对高效能教师给学生的形成性评价和反馈进行了研究，认为高效能教师具备以下的特征：

· 他们使用预评价促进目标技能教学。

· 他们把问题与教学目标进行衔接以便实行有效的监督策略。

· 他们全面考虑学生可能会犯的错误，并监督学生找出来。

· 在教师教学或学生学习过程中，他们给予学生明确的、具体的和及时的反馈。

· 他们给予学生的反馈包含支持和鼓励的信息。

· 教师重新教授学生未掌握的内容。

康乃伦（Connellan，2003）提到了三种反馈：帮助学生改进其学习的动机性反馈、帮助学生了解其学习进步的信息性反馈和专门帮助成绩差的学生的发展性反馈，每种反馈都可以促进教师的课堂教学和学生的知识巩固。所以，教师应该重视不同形式的反馈，并尽可能兼而使用。

要点提示：反馈能提供强化学生学习动机的各种因素。

1. 动机性反馈

动机性反馈有三种：积极性反馈、消极性反馈和康乃伦（Connellan，2003）说的"无效反馈"。积极性反馈可以促进学生的学习；消极性反馈指教师如果给予学生反馈不当，就可能变成对学生的惩罚；无效反馈指该反馈信息对学生没有一点促进作用，教师给予反馈等同于没给。与前两种反馈相比，该反馈对学生的促进作用最小。

戈尔曼（Goleman，1998）提到了一个反馈研究，即教师给予工商管理硕士学生反馈以及反馈对他们所起的作用。有些学生获得积极性反馈，有些获得消极性反馈，有些学生则根本没有得到任何反馈。学生们被告知，他们完成的任务将会和其他几百个学生的任务进行比较，后者也完成了同样的创造性解题任务。那些没有获得任何反馈的学生和那些被批评的学生一样失去了自信。这似乎表明，学生得不到反馈会有损他们将来的表现。

教师应该清楚动机性反馈的目的是为了鼓励学生，帮助学生尽力而为并做到最好。给予动机性反馈对教师来说也是一个挑战，因为做到这一点需要充沛的精力、巨大的努力付出和对积极性反馈持有的积极态度。在如此汹涌的"良好"的压力下，肾上腺素、去甲肾上腺素和血清素都得到释放，驱使教师努力工作以达到目标。然而，由消极性反馈和无效反馈引发的更多消极压力和胁迫感，却由脑部一个不同的系统操纵，而该系统能释放大量的压力荷尔蒙皮质醇和过量的神经递质。这些过多的化学物质阻碍了工作记忆，干扰了教师的思考（Goleman，1998）。总之，教师都希望能抓住机会给学生提供积极性反馈，从而提高他们的记忆技巧和最大限度地促进他们的学习。

要点提示：动机性反馈有三种类型。

（1）积极性反馈

积极性反馈可以促进学生继续做他们一直在做的事情，它可以帮助学生巩固知识。康乃伦（Connellan，2003）认为积极性反馈有以下五个原则：

> ·即时巩固反馈。
> ·巩固反馈每一处改进，不仅仅是巩固好的方面。
> ·巩固反馈具体的知识。
> ·继续巩固新行为。
> ·周期性巩固好习惯。

即时反馈是第一个原则，并不需要即时发生。那就是说，有时它可能需要教师花一点时间检查学生已经重编的知识。毕竟，反馈是评价的一种形式，它可以促使学生参与评价。教师提供反馈是为学生将来的继续学习和理解不同的思想打下基础。如果教师于学生重编信息的时候在教室里巡视，就可以即时给他们提供口头反馈。教师应该了解不同类型的学生对反馈的反应会有所不同。如动觉学生或许对教师在他们背部轻拍表示鼓励的反应更积极；听觉学生对教师的言语鼓励反应更积极；而视觉学生对教师的微笑、点头或作业分数的反应更积极。

第二个原则——巩固每一处改进——是教师需要考虑的因素。在快节奏的教育环境里，教师需要不断地争取时间以教授更多的知识，所以很容易忽略学生对知识形成理解的起步阶段。教师应该按步骤制定学生需要达到的最低标准，并在此过程中探索和学会欣赏超越。即使有些学生在努力重编信息时只能蜻蜓点水，达不到理想的效果，教师也应该给他们鼓励和支持。因此，为了帮助学生把知识转化为长时记忆，教师应该教给他们一些关于记忆的知识。所以，教师发现学生取得的任何进步都应该及时反馈给学生。

具体性是积极反馈的第三条原则，有时教师要给学生提供具体的反馈信息也不容易。教师通常会笼统地给予一些学生积极性的评语，如"你的文章写得很生动"或"你用的比较起到了画龙点睛的作用"。到指出学生的错误时，教师可以给出具体的信息反馈。教师可以从大方向给予学生积极性评价，然后才具体指出学生的不足之处。例如，教师可以说"你用图表组织者来解释概念，这非常好，但韦恩图不能使用这种方法。你不能把对比的信息放在中间。你在线外重复写了两次共同点，这样做浪费了图表的空间。"我认为，教师给予学生积极性反馈和具体的反馈并不容易。实际上，有时候要提供这两类反馈几乎难以做到。但是教师应该记住一点，不管做什么，只要学生已经尽力而为，就会产生积极的效果。教师可以使用这个方法："我知道你确实很努力地学习这个概念。让我看看你写了什么内容。你的心智图还需要修改，你需要引用更多的证据来证明第一要点。你在第二和第三个要点使用的符号很有意思，可以在这里添加几个关键词和词组。最后一点写得最好。看来你对这部分内容掌握得不错。"

第四个积极性反馈的原则是提醒教师帮助学生巩固一些新的行为习性，包括使用新型的组织者、新奇的重编信息方式、或提高各项技能。因为这些行为习性都刚刚形成不久，教师需要帮助学生不断地对其进行强化来加以巩固。等到学生逐渐习惯了并把它们变成第二习性时，教师可以变连续性的巩固为周期性的帮助。教师给予学生周期性的帮助可以说是积极性反馈的中心所在。过了一段时间，学生或许能够自觉巩固其新行为习性了，接下来就到了元认知的时间——学生反思他们是如何思考的——对他们取得的进步给予积极性反馈。

要点提示：教师需提供积极性反馈给进步不明显的学生。

（2）消极性反馈

教师如何对待那些没有达到重编信息要求的学生？考尔波特和拿普（Collbert，Knapp，2000）建议教师采取以下的步骤：

①教师集中评价学生。

②教师指出学习目的是什么。

③教师让学生确认自己的责任。

④教师和学生交流具体的细节。

⑤教师和学生探讨新的行动计划，具体应该怎么做。

⑥教师确定正确的结果。

下面是按照上述步骤实施的一个范例：

玲夫人要求学生课堂上画韦恩图来识别美国内战不同将军的异同特征。她在教室里来回走动，仔细检查学生做的韦恩图。走到卡门的桌旁，她看到他用的重编信息是一段话而不是图表。

玲夫人问："卡门，你打算用这段话制作图表吗？"（集中评价）

"我喜欢用句子写。"卡门回答。

"这节课我们要学习如何画韦恩图，比如在图表圆圈的重叠区域表明共性，在圈外表明差异性（指出学习目的）。"玲夫人看了一眼幻灯片的图表，接着说，"你现在要做的事就是向我表明你能够正确地使用韦恩图（确认学生的责任）。你知道在图表里要写下将军们的异同特征吗？（教师和学生交流具体的细节）。在这个段落下面画出图表（探讨新的行动计划）。对了，从段落里找出相关信息填在图表里，我等会儿再回来检查。"（教师确定结果）

教师避免给学生消极性反馈的另一种方法是用苏格拉底式对话引导学生正确理解信息。苏格拉底式对话有几个问题类别：阐明问题、关于初始问题或提问的问题、假设探究、原因和证据探究、原始或源头问题、含意与结果探究和观点问题。我从保罗的著作（1993）引用了上述问题的样式。（如表4.1所示）

在教学中运用苏格拉底式问题和对话可以帮助教师引导学生达到学习目标。这些问题有助于学生专心学习以掌握概念性知识。此外，教师和学生还可以互相提问，这样做有助于师生随意地参与提问，以获得良好的教学效果。因此，对于学生的错误理解，教师与其直接告诉学生，还不如给他机会思考以改变其错误的看法，从而使学生以一种更令人满意的方式来重编信息。

苏格拉底式对话有助于学生拓展理解问题的深度和广度。我在20世纪80年代开始使用此方法。虽然实施该方法有一定的难度，但由于它可以帮助学生正确理解信息，所以我一直坚持在教学中使用，而学生们也为此而对我心存感激。

表 4.1　苏格拉底式问题，节选于理查德·保罗的著作（1993）

问题类型	问题样式
阐述问题	· 你说的____是什么意思呢？ · 你的主要观点是什么？ · ____和____之间有什么关系？ · 你能换个说法吗？ · 你能给我举个例子吗？
提问的问题	· 我们怎么才能查明真相？ · 你明白了这个问题吗？ · 这个问题为什么那么重要？ · 我们在回答这个问题前首先要回答什么？
假设探究	· 你做了什么假设？ · 我们能做其他的假设吗？ · 为什么是某人做这个假设？
原因和证据探究	· 例证是什么？ · 你怎么知道？ · 什么使你这么认为？ · 什么使你改变了主意？ · 那件事为什么适用这个情况？
原始或源头问题	· 你从什么想到这一点？ · 你总是这么想的吗？ · 还有什么结果？ · 具体的替代方案是什么？
含意与结果探究	· 如果这是真的，还有什么也是真的？ · 结果是什么？
观点问题	· 其他组怎么回答？ · 你为什么选择这个观点？ · 那个持有不同意见的人说了什么？

　　学生们刚重编了雪利·杰克逊（Shirley Jackson）写的一篇短篇小说《彩票》。到目前为止，这个单元包括以下的内容：

了解学生：学生走进教室时，布朗小姐正在折叠一些小纸条，折好后把它们放在盒子里。等学生坐下来，她说："同学们，我已经给你们订了票去看戏剧。该剧的剧情就是小说《彩票》里发生的故事，这是我们马上要学到的一篇课文。班上共有 27 位同学，所以我定了包括我自己在内的 28 张票。不巧的是，剧院仅给我寄了 27 张。我打电话过去询问缘由，但是他们说票已经全部卖完了。那么，为了公平起见，我在盒子里放了 27 张空白纸条和一张写有 X 的纸条。我们等会儿要轮流从盒子里抽一张。抽到写有 X 纸条的同学不能和大家一起去看戏，只好去另一个教室上英语课。"学生们对这种方式感到很好奇。到抽纸条的时候，布朗小姐说，只有大家都抽完了才能打开自己手上的纸条。最后，他们一起打开自己的纸条。

约翰抽到了写有 X 的纸条。看着自己的纸条，有些学生暗自偷笑，更多的学生则松了一口气。由始至终，没有人质疑老师让大家抽纸条的权威性。但是，约翰说这样对他并不公平，因为他是个好学生，不该受到如此的对待。他认为那些不努力学习的学生应该留在教室里上课。

反思知识：随后，教师给学生透露了事实真相，即总共有 28 张票。接着教师把学生分组进行四维思考，并在教室的四个角落都贴上写有一个问题的纸张，每张纸都留有空隙以方便学生写下他们的观点和意见。这四个问题是：

①你对《彩票》有什么看法？
②你怎样就此事做出公平的决定？
③你的同伴如何影响你做决定？
④你为什么愿意剔除一人出局？

学生依次在每个角落对每个问题展开讨论，并写下他们的意见。

重编信息：接着教师要求学生阅读课文《彩票》。他们的重编信息作业是给出例证，列出清单，写出有关传统和惯例的利弊。

巩固反馈：学生在进行小组讨论，互相交换清单和不同的意见。布朗小姐在教室里来回走动，给学生们提供反馈。在一张桌旁，杰西和罗伯特激烈地辩论着。

"你是傻瓜，"罗伯特说，"生日派对不是惯例。"

"那你说的惯例是什么？"布朗小姐问。

"是我们不断重复的事情。"罗伯特回答。

"你能给我举个例子吗？"她询问。

"当然可以，比如说去教堂做礼拜。"

"什么因素使做礼拜成了一种惯例？"

"我们都知道，人们去那儿总是重复做同样的事情。在教堂做礼拜的程序全部遵循书里相同页码的指示。他们唱圣歌、每个星期天都去教堂，这就是惯例。"罗伯特宣称。

"你怎么看生日派对呢？"

"每次的生日派对都是不同的。我们可以看电影、开派对或不举行任何庆祝活动。"他回答。

"你不同意杰西的什么观点呢？"她进一步问。

"杰西认为生日就是一种惯例，就因为人们每年都庆祝他们出生的那一天，吃蛋糕和冰激凌，收到生日卡。"

"罗伯特，你怎么把一年一次的生日和去教堂做礼拜联系起来呢？"

他没有立即回答。这时，虽然同组的其他学生举手想回答这个问题，老师仍然给他时间思考，等着他的答复。

想了一会儿，罗伯特说："我懂了。一年一次或一周一次，都是在重复相同的概念。对了，我想现在我知道什么是惯例了。"

罗伯特能够得出自己的结论，这得益于苏格拉底式对话技巧的帮助。布朗小姐提供的反馈不但帮助他正确地理解惯例这个概念，而且也给他一个绝好的机会储存正确的信息。

（3）无效反馈

我儿子乔舒放学后回到家，轻轻地放下书本。他的姐姐玛利亚在做功课，我在埋头改作业。

"今天在学校过得怎么样？"我抬起头问他。

"哦，你能看见我？"他问。

不知怎么的，我觉得有些不对劲。我放下笔说："我当然看得见你。出了什么问题？"

"我还以为自己在家里也是透明的呢。"他回答。

这时，一些有关青少年精神错乱和吸毒的想法闪过我的脑海，"请你说明白些。"我对他说。

"今天上课的时候，老师叫我们交化学作业提纲。"他说，"格林夫人走到每个人的座位收作业。吉娜和莎拉坐在第一排。她检查了这两人的作业后，满意地笑着说：做得非常好！吉娜和莎拉听了都很兴奋。接着她来到贾斯丁和贾森的桌旁，检查他们的提纲。这时，她脸上显出迷茫而困惑的表情，并说了这么一句话：你们知道提纲是怎么写的吗？哇，两人听到这话好尴尬啊！最后，格林夫人来到我的桌旁，拿起我的提纲看了看，什么也没说。她脸上没有露出任何表情，好像我和丹两人都是透明的！"

"她对其他学生的作业有什么反应吗？"我问乔舒。

"我不清楚。她检查了几个学生的作业，后来下课铃响了。每个学生都得迅速上交作业。"他回答我。

"至少她没有对你的作业给予否定的评价。"玛利亚说。

"你在开玩笑吗？"乔舒大叫，"否定的评价也比什么都没说要强！"

"好了，我敢肯定她会给你一些反馈意见的。"我乐观地说。

"你不明白，妈妈。她的确给了我反馈意见！她告诉我，我的作业做得一团糟！"

这次谈话给了我很大的启示。我开始思考我平常回应学生的方式。有多少次我忽略了提供反馈信息给学生？我记得校长曾对我说过："我的工作是培养学生，使他们做到最好。这也是你的工作。"格林夫人肯定没有帮助乔舒做到最好，但是我敢保证，她和我一样根本没有意识到自己做了些什么。

我儿子在高中碰巧遇到这么一位和我类似的英语教师。那些她从不发回给学生的作业，现在仍是我们调侃的对象。现在我们可能觉得这事很滑稽，可是几年之后，她的学生想起当年的情景却不会这么认为。当年他们刻苦学习，花大量的时间做作业，却从没有得到这位老师给予的任何反馈意见。我们在此对她的做法（虽然不是她的错）提出异议。她每天给 100 ~ 150 位学生授课，这样她要改大量作业。但是她不必批改每份作业。教师给学生布置作业但不批改作业，这没有错。但是必须有人给学生的作业写上评语。如果教师自己曾许诺给学生的重编信息作业提供反馈，那么就应该言出必行。

学生可以通过评价自己或者与其他学生互相进行评价以获得反馈。如果教师要求学生互相交换最初的重编信息作业，小组合作或许是既及时又有效的途径。学生们互相交换已经重编的作业，并对此进行探讨，可以澄清他们对知识的许多错误的看法。这么做也使得教师有时间在教室来回巡视，听到每个小组的观点。等到讨论和评价结束之后，教师可以收集学生们的作业以便第二天快速检查，检查得出的结果能给教师提供一些有用的信息，即教师可以决定授课是否需要添加更多的信息、是否需要重新教授、或是否可以跳到下个运用知识的记忆步骤。表 4.2 中提供的评分标准对教师和学生都会有所帮助。

表 4.2　教师对学生的重编信息作业提供反馈的评分标准

4 分：学生完成重编信息作业，而且能很好地解释自生信息。
3 分：学生完成大部分重编信息作业，而且能解释自生信息。
2 分：学生完成一些重编信息作业，但对信息的理解模糊。
1 分：学生只完成很少的重编信息作业，而且还不能理解该题目。

> 要点提示：学生本人可以受益于提供反馈给其他学生。

动机性反馈可以促进学生进步，而信息性反馈为学生提供有助于他们取得进步的视觉表征。康乃伦（Connellan，2003）对信息性反馈提出了三点意见：

- 它应该是目标至上的。
- 它应该是即时的。
- 它应该是图表式的。

以本章开头提到的学前幼稚班玩的冷热游戏为例，很明显，目标必须是明确的——这是康乃伦第一点意见的前提。一般来说，现在的学生都有明确的学习目的和学习目标。如果教师讲授某种强调文章布局重要性的写作方法，就应该给学生提供一些相关的优秀范文，让他们通过阅读文章来体会有关该策略的写作。在这种情况下，信息性反馈显得尤其重要。

有关巩固反馈研究的元分析引出了即时巩固反馈的必要性，这是康乃伦提到的第二点特征（NWREL，2002）。学生的不同发展水平显示了即时反馈或延迟反馈的有效性。那就是说，对于年幼的学生，即时反馈可以达到最佳的效果；但对于年长的学生，即时巩固反馈或延迟巩固反馈对于他们所起的作用是相同的。

图表表征是康乃伦提到的最后一点，这是信息性反馈最有效的一种形式（如图4.1所示）。图表、坐标图、图形和简单的符号都很有帮助。

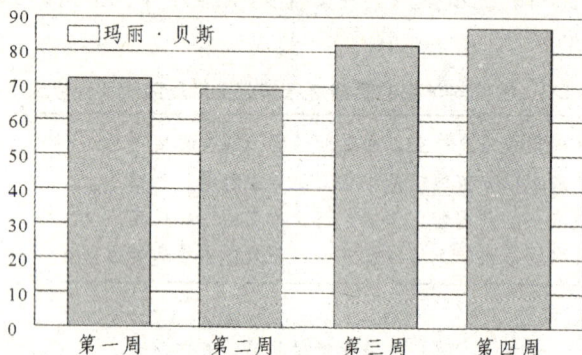

图4.1 用图表给予巩固反馈的范例

注意到学生有不同的学习方式的教师或许会认为，图表表征对于视觉学习者很重要，而对于听觉学习者和动觉学习者却不一定如此。根据元分析（Marzano，Pickering，Pollack，2001），不管学生的回答准确与否，教师都应该对此给予口头或书面的讲解，这样的反馈信息才可以达到其最佳效果。克罗斯兰德和克拉克（Crossland，

Clarke，2002）建议教师使用写有书面信息的图表和符号给学生提供反馈。他们相信每次成功的信息交流都包含了事实、情感和符号等因素。

什么是良好的信息性反馈？德韦克（Dweck，2000）认为，教师应该注重学生对学习付出的努力而不是他们的个人能力。如果教师过于强调学生的个人智能，就会给学生施加太多的压力，因为智能通常被认为是一个固定不变的特性。德韦克经过多年的研究也发现，如果学生认定自己的智能是固定的，就会产生不利于学习的无助感。因此，教师提供关于重视努力和可学习策略的反馈信息，能够激励学生迎接新的挑战。

信息性反馈在学生的成绩单会得到体现，但是它给学生提供的信息总是太少和太迟。使用档案袋是另一种反馈方式，里面可以包括课程、教学和对学生的评价等各类信息。虽然没有正式的分数，但却包括教师和同学提供的以及学生自己经过反思得出的信息性反馈。学习文件夹是非传统的、脑兼容的评价方式。即使时间流逝，我们从这里面仍旧能看出学生在每一个阶段所取得的进步。而且，通过学习文件夹里的有关范例更易于学生应用概念知识（Sprenger，1999）。

> 要点提示：多数家长希望获得信息性反馈。和传统的成绩单不同，视觉表征可以提供他们所需的信息。

2. 发展性反馈

巩固反馈是为学习做的评价，它可以充实教师的教学和影响学生的学习。它是发展性的，会对学生的行为表现产生影响。教师希望自己能影响学生对概念性知识的正确理解，以使学生将其变为长期记忆。

发展性反馈首先包括一个问题陈述和一些提问策略。教师应该确保在学生感到无助之前给他们提供发展性反馈信息。在学习课文《彩票》时，教师可按照下面的方式开始使用发展性反馈：

"塞布丽娜，你画出了 T 形图，但还没写出有关惯例和传统的例子，你只写下了两者的特征。"

"我不知道该举什么例子，这个故事挺难懂的。"塞布丽娜回答。

这时，教师应该尽量帮助学生纠正错误或误解。

"那怎么做才能解决这个问题呢？"我并没有非难和指责她。

塞布丽娜回答："我一个例子也想不出来。"

"我们一起看看你写的有关特征。"

塞布丽娜看了一眼图表，说："传统就是人们以前做过的事情。"

"你能用另一个词代替它吗？"

"我想不出来。"

"你出生之前家里还有什么人？"

"你是说我父母和祖父母？"她问我。

"是的。他们以前也做你现在做的事吗？"

"没有。"她回答。

"你妈妈曾做过你外婆做过的事吗？"

"妈妈说，圣诞节时在前门悬挂槲寄生是一种习惯，你得亲吻每个进门的人。那太恶心了。"

"那么，这个习惯和传统是一样的概念吗？"

塞布丽娜想了会儿说："我想是吧。"

现在是教师巩固信息的时候了。

"习惯是传统的同义词。你能想到其他的一些习惯吗？"

"哦，在我们国家，人们说到'为美国效忠'时要把手放到胸前，我认为这也是一种习惯。"

"你说得对，现在你明白了。再想想，看你能否再多举些例子。待会儿我再回来问你。"

上述过程由五个步骤组成：

①叙述问题。

②征求解决方案。

③考虑可供选择的方案。

④注意有建设性的回答。

⑤准备进一步的反馈。

塞布丽娜处于上面这种情况时会觉得很无助。她不愿意做这个作业，因为她对自己是否有能力完成它持怀疑的态度。虽然她试图把责任归咎于这个故事的晦涩难懂，教师也不能让她以此为借口而逃避做作业。实际上，即使塞布丽娜没有读过这个故事，她也可以举出有关传统的例子。教师可以用重编信息策略教会学生给概念举例子，告诉学生什么是传统和惯例以及培养学生识别两者异同的能力。通过使用巩固反馈策略，教师可以帮助塞布丽娜理解相关的信息。

要点提示：鉴别是提供发展性反馈的关键，在此方面不甚完善而需要巩固的学生可能错过了教学初始阶段的某些环节。

反馈结果

我们都有安全需求和快乐需求，而生存需求位于其他所有需求的前列。反馈则可以满足这些需求。当工作记忆加工信息并要求巩固信息的时候，恐惧和愉快的情感此时也会起作用。

学生对知识的理解有助于他们成功，并因此而获得一种支配感。脑部的情感区会参与到包括反馈的学习情景中（Zull，2002）。许多记忆研究都赞成"情感的参与能使记忆更牢固"的观点（Gordon，Berger，2003）。

研究表明，教师提供反馈信息有助于提高学生的成绩。马扎诺（Marzano，1998）举例说，如果教师经常给予学生反馈，学生的学习成绩可以提高29%。

发展性反馈对学生产生的影响也有所差异。布特（Butler，1987）在完成对学生的评价后，研究了不同类型的反馈对学生所产生的影响。一些学生获得教师的书面反馈，里面包括学生在评价之前就知道的具体目标（发展性反馈）；一些学生只获得教师的分数反馈（信息性反馈）；还有一些学生获得教师的分数和评语反馈（发展性反馈与信息性反馈结合使用）。有趣的是，当学生再多做两项任务时，那些仅获得书面评语信息的学生成绩提高得很快；那些仅获得分数信息的学生做第二个任务的成绩有所下降，但做第三个任务的成绩却有所提高；获得评语和分数信息的学生做后来两项任务的成绩却都有所下降。

思考：

1. 教师应该及时给予学生反馈。一些教育学者（e. g., Tileston）建议教师应该每隔 30 分钟就给学生一次反馈。检查你使用的反馈策略，你会增加什么巩固反馈策略？

2. 教师应该注意学生的不同的学习方式，因为这和巩固反馈有关。不同的学习者可能需要不同类型的反馈。例如，动觉学习者需要教师在其背部轻拍以表示鼓励。此外，教师还可以和他们一起散步以提供反馈信息。

3. 巩固反馈的信息必须是具体的，因为这个阶段有助于学生正确地理解知识。在开始进入下一个步骤之前，教师在现阶段给学生布置难度适中的作业和练习。

第五章　运用知识

长时记忆的形成取决于对知识的反复运用

> 运用知识越充分，记忆知识越牢固。
> ——拉里·斯夸尔、埃里克·肯德尔（Larry Squire,
> Eric Kandel）:《透视记忆》

　　穿过走廊，我径直走到一个教室门口 —— 初二的学生正在上历史课，而我要向他们的老师借一个地球仪，在我的学生完成课堂练习后要使用。这位老师正在画一个 KWL 图表，所以我只能站在门外等，顺便观察一下这些学生，因为我上学期刚好教过他们。

　　这时，老师给学生提了一个问题:"什么是民主？请同学们都想一下并在课本上以 K 开头的那一栏里写下自己的答案。"然后她留了一点时间给学生去思考这个问题。

　　班上一片寂静。老师扫了一眼挂钟，等了整整 10 秒钟，班上学生还是没有回应。

　　老师只好又重复了一遍问题:"什么是民主？我们该如何给民主下定义？你们又是如何界定民主的？"

　　班上还是一片寂静。

　　我实在看不下去了！上学期我已经教过这班学生，也给他们讲解过民主体系。"人民！不就是人民监督政府吗?!不记得了？课上讲过，考试也考查过的！他们是怎么了……或者是我这个做老师的问题？"我的脑海里不断冒出这些疑问。

不愿再想了，我就走进教室向这位老师提出借地球仪的请求。但愿我的出现不会使得这位老师联想起我的不称职。就在我向她走过去的时候，我发现有些学生一直盯着我看。就是我停在那儿等待那位老师给我答复的时候，学生也一直盯着我。突然，那些一直注视着我的学生举起手来要求回答问题。有一个学生忍不住喊了出来："噢！我记起来了，我们在斯普伦格太太的课上学过民主了！"

老师大都会有类似的经历：在新学年授课前，老师一般会认定学生已经习得了某些学科的知识，因为老师都了解教学大纲的安排。的确，学生是学习过这些学科，如果经过复习，他们是可以从长时记忆库里提取出所需知识的。刚才我走进同事的教室时，很多学生在看我的同时，也在努力地回想在我课上所学过的和民主有关的知识。然而，他们这些零散的知识还没有形成一个系统。因为一旦形成了系统的知识，即使我不出现，他们也能回想起课上所学过的东西。而我正是引发他们回忆的一个中介。

在这个以考试为导向的教育领域里，或许学生会在考试中取得好成绩，但考试过后，他们很快就会忘记所学过的知识。因为他们无法牢记那些未经自主学习的知识。正如我的学生一样，他们必须依靠中介性联想才能回忆起所学过的知识。要随时随地地提取所需知识，我们就必须把知识储存在大脑的各个区域里。然而对于大部分学生而言，长时记忆的形成是需要很长时间的（Siegel, 1999）。

在这个章节里将会讨论知识的运用。正是这一步骤提高了大脑长时记忆库里知识的储存量。可获取、可提取的知识是许多变量因素共同作用的结果。只要教师让学生反思他们所学过的知识，他们就可以对知识进行运用。不管是在口头重复还是在心里默念，这都是学生用自己的话语对所学知识的一种重复。

本章将会探讨机械识记和意义识记这两者的重要性，介绍各种记忆途径，分析练习与知识运用之间的关系，明确睡眠在记忆过程中的必要性，并引进高阶思维模式。由教育测试部门的哈罗德·温林斯基（Harold Wenglinsky, 2002）所执笔的一份报告证明，依循高阶思维并侧重动手能力的学生，学业成绩远胜于他们的同龄人。由此表明，科学的策略将会有助于学生记忆知识并提高他们在考试中的成绩。

运用知识的界定

格伦令我非常头痛。这个学生是位听觉学习者，音乐对于他而言胜过世上的一切，他老是喜欢不停地在课桌上或书本上打拍子。虽然年仅11岁，但他对音律了如指掌。

星期二的课上，我们在讲解完数学练习后，进入了自然科学的学习。介绍完单词后，我想通过视觉上的或一些别的助记手段来帮助学生记忆这些新单词。就在我思考该用哪种方法时，格伦的拍子声打断了我的思绪，这已经不是第一次了。他念着拍子，笃笃地叩击课桌，班上的学生都在看着他。有些学生跟着他的节拍点头，有些女生看着格伦的时候就像看到了一个音乐明星。我突然恍然大悟："这些学生都需要一个可供他们模仿的人！"

"格伦，你这是干什么？"

"我在练习呢！斯普伦格太太。"他回答。

"但我们今天没有时间给你练习拍子，我们要学许多新词汇。"

"我就是这样学习单词的，"他为自己辩护，"我按照单词的音节来打拍子，帮助记忆单词。"说完他继续打着他的拍子。看来这个方法确实不错，有好些学生都想尝试一下，因为他们认为这是他们所听说过的最有效的记忆单词方法。

这个场景肯定在电视上出现过：一位年轻男子驾车在路上行驶，嘴里念着拍子，点头和着节拍。大多年轻女子看到这都会被他这种乐感迷住，认为他很"潮流"。该男子就这样一直开着车，和着拍子，嘴里念叨着，当我们这些观众听清这首"歌"时，才知道原来他不停重复的音乐节律居然是……他的杂货购物单子！

必须对进入即时记忆的信息及时进行加工处理，否则它将转瞬即逝。识记就是对短暂记忆进行加工的一种脑力方式，知识的识记可以分为两种：机械识记和意义识记。机械知识适用于事实资料，因为这些知识会以相同的形式在练习里出现（Marzano，1992）。如历史事实、国家首都名称、国家的发展历史等，这些事件资料和数据都是可以套用的知识。意义识记更适用于语义知识，因为知识的使用是一个创造意义的过程，短暂记忆一旦被赋予意义便会更易于记忆。换句话说，意义识记为学生和已储存在大脑里的知识搭起了一座桥梁（Tileston，2004）。

马扎诺、皮克林和波洛克（Marzano，Pickering，Pollack，2001）的一份报告表明：一种技能的习得如果要达到80％的娴熟程度至少需要反复练习24次。《学习定律》（Anderson，2000）一书在阐述记忆形成所需时间的同时，也表明了多次重复是短暂记忆变为长时记忆所必需的。经过了多次重复以后，提取记忆的时间就会缩短。

著名学者霍华德·艾勒包姆（Howard Eichenbaum，2003）提出语义记忆是由零散的记忆片段组成的。日常生活中有一系列的事件，这些事件的片段会成为记忆并储存在大脑中。当相同的情景再次出现时，大脑会自觉地提用记忆，这就是语义记忆。我们对狗的属性了解就是一个很好的例证。我们知道狗会摆尾，那是因为我们已经遇过不止一次这样的情景。我们知道狗会吠叫，那是因为我们听过不止一次的狗吠。我们或许会忘了遇见这些情景的确切时间和地点，但是这些动物的显著特征已在大脑里形成了稳定的长时记忆，因为这些特征已经被重复了许多遍。鉴于此，为学生提供模拟的学习情景，既是帮助他们灵活运用知识的一个有效方法，也是一个必要步骤。

本章开篇的小故事里，教师的出现唤起了学生对所学知识的记忆，也证实了这一观点。当学生再次置身于该学习经验的情景时，他们就能激活大脑的神经元网络并从中提出所需的记忆。长时记忆在大脑的形成是短暂记忆多次重复的结果。长时记忆很稳定，有了这类记忆，大脑就可自觉地提用所需的知识了。

> 要点提示：要形成长期的记忆，必须多次重复短暂记忆；要形成系统的知识，必须反复运用所学知识。

运用知识的依据

自身对知识的重复或复述是为了实践运用，积累经验。因此，学生必须对所获取的新知识进行运用。前面四个章节都是在讨论如何建立一个知识与大脑之间的连接网络，通过重编信息和巩固反馈，该系统已经确立。接下来介绍的学习活动就是为了使学生进一步明确一个观点：不管是抽象的概念知识还是具体的技能知识，都是需要反复练习的。

接下来这个活动需要一个比较宽敞的场地，图书馆、食堂或体育馆都是不错的地点。如果天气晴朗，我还会把学生带到室外进行活动。首先，我会先把班上的学生分成两组，让他们散开，然后给各组站在最前面的那位学生一个充气球。拿着球的学生就是"发球者"，而每组站在最后的那位同学就是"接球者"。游戏规则很简单：把球传到接球者手上，学生不许走动，充气球不许落地。充气球非常轻，学生无法直接把球扔到"接球者"手上。因此，这两组学生必须思考如何才能把球传给目标者。通过不断地尝试，学生在了解了传球的顺序后，最终都能把球递给接球者。任务完成后，原本想让学生互相鼓掌鼓励一下，但看了一下表，算了一下时间，我对他们说："虽然两组同学都能完成任务，但是你们花了很长时间。我们再试一次吧！"两组开始计时比赛，学生便以更快的速度把球传递下去。他们减少中途截击球的次数。有时候球会失去控制，掉下地面，这样他们就必须重新开始。最终，两组同学都能以最快的速度把球传给接球人。游戏结束后，学生都非常地高兴。

现在我们再来看一下这个活动。这个传球游戏需要学生通力合作，找出一个最便捷的递球路径。学生是否真的从游戏中学到了知识？要把这个学习的过程变成长时记忆，学生必须不断地反复练习这个流程，以便于再次集合做游戏的时候，学生都能记起他们各自的位置和传球的顺序。不断练习创建记忆后，学生的表现会更好，这就说明了知识运用的重要性。正如运动员学生那样，他们必须和队员一起训练。集训使他们意识到反复练习可以促使大脑建立知识网络。

这为学习和记忆提出了一个重要的论点。恍然大悟的那一刻并不能等同于习得知识，因为那一刻并不能形成长时的记忆，也无法获取可再次提取的知识。只有重复练习，学生才可以随时地提用记忆；缺乏训练，大脑就无法自觉地提取知识。

《有效的课堂教学手册》（Marzano，Pickering，Pollack，2001）一书里引用了一些结合了练习实践的教学研究（Ross，1988；Bloom，1976；Kumar，1991），其研究结果表明：通过练习，学生的学习增益值可以达到21%～44%。也就是说，反复实践的学生和缺乏练习的学生相比，前者的考试成绩要比后者高出21%～44%。这个研究结果意义重大，因为长时记忆是由神经元构成的知识网络，知识经反复使用在大脑里建立起特别深刻的接触点。为此，学生必须通过不断地运用知识才能在大脑里形成知识的有效网络（Schenck，2000）。

要点提示：必须通过反复的练习，知识才能在大脑里形成长时记忆。

知识的类别

学生所需要的知识，不管是事实资料、概念理论，还是技能技巧，都必须经过实践。一切教学活动，包括教学的目的、教学的准则、考核的基准或学生的表现，都是基于学生对所学知识的长时记忆上所进行的。

课堂教学以及标准考试中所涉及的内容都是对知识的一种运用。事实资料和技能技巧都可以通过反复练习来习得。通过练习来学习骑自行车这种技能，就是一种熟能生巧的过程。对于一些事实资料的学习，例如国家、首都和联系动词等，也都是可以通过练习来熟悉的。

运用知识的方法

运用知识，包括课后作业、反复练习、游戏活动以及实践学习等，这些途径都可以帮助学生把所学过的知识以不同的方式储存在大脑里。规律的练习实践会达到最佳效果，而睡眠是影响知识储存的一个重要因素（Stickgold, Whidbee, Schirmer, Patel, Hobson, 2000）。

知识运用的过程会涉及重编信息的许多策略。例如，在第三章介绍过的一个学习方法，找出学科知识的相似点和区分学科知识的相异点会使学生的成绩提高 45 个百分点（Marzano, Pickering, Pollack, 2001）。归类和区分的过程就是学生理解知识、形成记忆的过程。

下面将会介绍多种为学生提供学习场景的方法，场景的设立都是为了反复练习一个方法，从而使得学生能随时随地地比较和归类知识。我可以把这个方法应用于各个学科的教学。

·一个关于两个朋友之间相互竞争的故事。上文学课时，我会让学生画一个韦恩图表，把两者的相似点和不同点找出来。

·故事用于社会科学，我会让学生比较这两位作为社区工作者各自的责任职责。

·故事用于应用数学，我会让学生关注两者解决问题的方法并分析他们使用的策略。

·音乐课上，我们会讨论两首类似的歌曲所蕴涵的信息或各自的旋律。

·艺术赏析课上，我们会比较艺术的表现形式和传播方式。

·我们还会读到另一个故事，对城市和乡村进行一个比较。

·通过对这些既相似又相异的事物进行比较和归类，学生已经在脑海中留下了深刻的印象。

·我们会创作一个滑稽短剧，并在班上表演，着重刻画两位运动员的不同点和相似点。

·学生描述他们生命中的两个重要人物，叙述两者的相似之处以及两者各自为他们所做的事情。

知识运用的尺度

设计以上这九个教学活动涉及几个因素，包括不同的学习方式、个人情感、人际关系和社交关系。这些学习活动是怎样让学生把一种学习方法变成长时记忆的？首先，在每次活动前让学生活跃思维，然后，活动结束后让学生反思所学，巩固反馈。这样一来，比较和归类这一学习方法，不管学生是无意识地使用还是有意识地运用，他们都把这个方法反复运用了 27 次。这 27 次的重复练习需要花上好几周的时间，教师可以把一部分作为课堂活动，而另外一部分留为课后作业。在重复练习的这段时间里，学生是需要时间休息的，因为睡眠有助于记忆的形成（Mateika，Millrood，Mitru，2002）。探视大脑构造，我们就可以了解知识网络是如何在其中形成的（如图 5.1 所示）。

要点提示：各种不同类型的练习有助于大脑形成稳定的长时记忆。

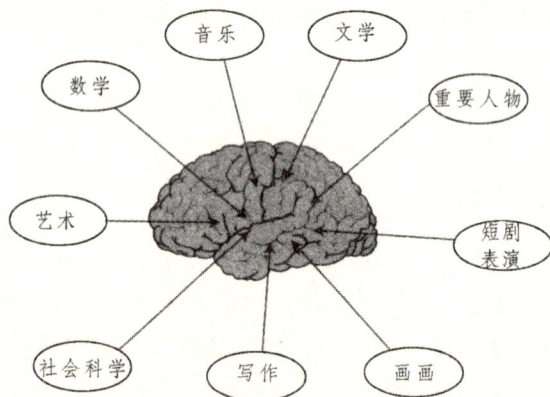

图5.1　大脑知识网络 ——比较归类学习策略在各学科的应用

知识运用与睡眠休息

教师对于学生实际所需要的睡眠时间都非常感兴趣。问到他们是否有学生被剥夺了睡眠时间的时候，几乎所有人都举起了手。到底睡眠和学习之间有什么联系呢？

许多研究记忆的学者都认定睡眠的过程就是大脑对记忆进行解码的过程（Schacter，1996；Stickgold et al.，2000；Mateika，Millrood，Mitru，2002）。史蒂高和他的同事在2000年发现，在一段时间的学习结束后，只有6个小时睡眠时间的学生和睡足8个小时的学生相比，前者对所学知识的记忆要比后者少很多。由此表明，睡眠的过程中大脑可以对信息进行加工。在学习过程中建立的神经元网络在睡眠的过程中可以增加新的触突，创建新的知识连接网络（Blakeslee，2000）。

学生都有为准备应考而临时抱佛脚的经验，通宵达旦复习笔记、早早起床再次温习或临考之前快速浏览。通过高强度的复习，大多学生都能把知识转为工作记忆用以考试，但考试一结束，他们就会忘掉复习过的内容。这是因为知识尚未形成长时记忆——学生缺乏足够的睡眠，大脑的神经元网络无法生成牢固的知识连接点。研究表明：削减睡眠时间会降低大脑储存知识的能力（Dye，2000）。

> 要点提示：用高强度的机械识记来记忆，是对知识的遗忘，而不是对知识的保持。

家庭作业与练习实践

媒体不断报道：随着功课压力的增加，学生的童年欢乐正在逐渐减少。布鲁金研究所、布朗教育政策制定中心主任汤姆·洛夫莱斯（Tom Loveless，2003）却表示："事实并非如此。"洛夫莱斯还指出，该结果是由密歇根大学人口学研究中心的学者在2000年统计出来的。他们所收集到的数据表明，学生每周花在日记上的时间平均增加了 23 分钟，就凭这点他们声称学生的功课压力增加了。然而，洛夫莱斯却认为，这种情况只是由于年幼的学生无法适应突如其来的家庭作业所造成的。

杜克大学的哈里斯·库珀（Harris Cooper）（专门从事学生功课的研究）持有与洛夫莱斯一致的观点。库珀表示，在校学生的作业量应呈现递增的趋势，学生花在作业上的时间应每年增加 10 分钟（Viadero，2003）。

究竟家庭作业的意义何在？通过元分析，马扎诺、皮克林与波拉克（Marzano，Pickering，Pollack，2001）得出了以下的结论：完成作业，学生所掌握知识的增益值可达 24%。因此，在标准化考试中，完成作业的学生会比不完成作业的学生发挥得更好。而经过老师批阅的作业会更好地帮助学生识记。作业布置下去，教师评讲，学生的知识增益值高达 30%；教师批改，其比率达到 28%；教师不批改不评讲，知识增益值只有 11%。

美国国家教育进展评估局公布了 1994 年测评的一个关于良好的学习习惯的调查结果（1997）。来自四年级、初二和高三的学生回答了以下的问题：花在家庭作业上的时间为多少？在家是否经常讨论学习问题？在校和在家的阅读量分别是多少？结合这些学生的回答和他们的考试成绩，结果表明：良好的学习习惯和优良的学习成绩之间有着必然的联系。

在《有效的课堂教学手册》（Marzano，Pickering，Pollack，2001）一书中，作者提出了几个有关家庭作业的重要观点：

·家庭作业必须围绕学生所熟悉的知识内容展开。在"重编信息"这一章节已提及，要求学生对知识进行重新编码，这个作为家庭作业会给学生造成压力，教师应该帮助学生在课堂上完成知识的重新编码，而且教师不能在该环节就对学生进行考核。通过对知识的重编和巩固，学生才能真正了解所学的内容。在重新编码信息时，学生需要教师从旁给予指导，在弄懂所学的知识后，作业就会成为重复知识加深理解的有效手段。

· **家庭作业必须为学生所掌握的知识服务。** 在学生已基本了解所学的知识后，家庭作业就成为学生运用知识的一个渠道。例如，学生明白细胞分裂的概念后，教师可以给学生布置作业，让他们上网搜集资料，了解并弄懂有丝分裂。

· **家庭作业必须有具体的指引。** 该如何完成作业，教师应该给学生和家长一些指导。家长应该鼓励孩子自己完成作业，而不是由他们来代劳。一般来说，家庭作业量的计算是学生年级数字乘以10。

· **家庭作业必须有明确的目的。** 让学生清楚他们要通过家庭作业所达到的目的。例如，在完成数学作业时，学生必须考虑作业要求的是解题的步骤还是最后的答案，老师要求的是解题的过程还是解题的结果。教师应该提前告知学生具体的要求，确保他们完成作业。

· **家庭作业必须有多元的评价。** 在"巩固知识"一章提及，作业评价是多元化的。学生自评、学生互评都是可以采用的评价方式，教师单向的评价也可以为学生提供作业的反馈。

在《优秀教师素质》一书里，斯特朗（Stronge，2002）提出，教师关注的不应是家庭作业的数量，而是它的质量。斯特朗还指出，教师批改作业和评讲作业可以帮助学生提高学业成绩。

要点提示：家庭作业能帮助学生巩固所学知识，并能提高学生学业成绩。

高阶思维与知识运用

《认知过程向度》（Anderson et al.，2001）是《教育目标分类学》的修订版本，布卢姆在该书里提出，高阶思维技巧包括分析、评鉴和创造三个层次。高阶思维模式是教学实践中要致力达到的教育目标。学生在运用知识、进行复习和提取记忆这三个阶段都需要借助于这些高级的思维技巧。

运用知识是以大脑认知系统的记忆、理解和应用为目的的。记忆包括再认和回忆两个过程。记忆是一个较为低级、但却不可或缺的思维步骤。只有在记忆知识的基础上，学生才能对所学内容进行分析、评鉴和创造。因此，对所学知识进行简单的再认和回忆，是学生在使用知识的过程中必不可少的练习。通过这些练习，大脑的神经元知识网络不断加强，进而为学生应用知识奠定基础。安德森及其同事（Anderson，2001）把应用知识分为执行和实行两个阶段。技能知识的掌握，要求学生完全领悟要点，并把其转为自主知识。要帮助学生领会程序性知识，可以通过给他们设立任务，让学生在完成任务的过程中熟悉程序性知识所包括的正确步骤。

贝洛斯先生这段时间都在教学生如何使用科学的研究方法。这天，学生进入教室，发现讲台上有几筒爆米花，这是贝洛斯先生为教学准备的。由于爆米花刚出炉，整个教室都弥漫着一股香味。学生们都想尝上一口，但贝洛斯先生却要他们使用系统的研究方法，找出最佳制造、最松脆可口的爆米花，然后才能品尝。接着，他介绍了这三种爆米花的生产商，分别来自于本地制造商、戏院小卖部和杂货店。贝洛斯先生说完后，学生马上开始行动，因为只有尽快找出答案，他们才能够吃上可口的爆米花！

活动过后，贝洛斯先生让学生把这次经历记录下来以便回忆。他还和学生分享了自己的"爆米花"经历：当他把新鲜出炉的爆米花从一个罐里倒出来的时候，他的手被滚烫的油烫伤，伤势很严重。很多学生都不了解这种古老的制作方法。写完自己的学习心得后，学生已经可以记住这种用以研究的方法了。接下来，学生需要一个伙伴，用自己的话表述实验步骤，并对所学内容加以领会。学生在讨论，贝洛斯先生就在教室里来回走动，给予学生提示，巩固学生理解。

形成研究问题后，学生就会提出研究假设。研究假设是针对研究问题所提出的一种陈述，所以很多学生首先会以"我认为戏院的爆米花最新鲜、最美味、最松脆"作为研究的一个假设。接着，他们会列举出不同的数据：原材料、机器、油，等等。学生把研究的步骤列举出来，并标明制造每种爆米花所需的时间、谷物的柔软度以及成品的口味测试。最后，通过观察，学生记录下结果。在学生找出结果后，贝洛斯先生要求他们再次回忆所做的研究实验。

理解研究方法，领会实验步骤，并进行爆米花实验后，贝洛斯先生给学生布置家庭作业，要求他们找出播放商业广告频率最高的电视频道。

通过相关的练习和作业，贝洛斯先生的目的是让学生熟悉研究方法的步骤，并给学生提供一个运用知识的机会。经过多次的练习后，学生再遇到问题时，就像在统一的标准考试里一样，他们就会自然而然地使用这个实验方法。

分析

在认知领域的教学目标里，分析这一层次包括辨别、组织和归因三个阶段。辨别是对信息的分类和提取。上述的爆米花实验是一个学习情境，学生学会了使用这种研究方法，往后再遇到类似的问题时，学生首先会对材料进行分析，然后把该方法运用到与之相关的部分。组织是对信息的组成部分以及内容关系的确定。学生在分析研究报告时，会根据研究方法的步骤把报告分成：研究假设、研究方法、研究结果和研究结论。归因是对信息的解码和评价。通过学习，学生了解了研究的步骤，认识了各个步骤的作用，还看到了研究方法的不足。这些分类的目标都可以成为布置家庭作业和制定实践练习的衡量标准。

评鉴

评鉴包括检查和评论两个阶段。为了对这一高阶思维技巧进行演练，贝洛斯先生可以先让学生分析一份研究报告，让学生找出报告中与研究方法相矛盾的地方。这份报告里有可能研究结论与数据资料不相符，也有可能研究假设并不是对研究问题的清楚表述。接下来就可以让学生对报告进行评论，看看研究假设是否合理，又或者谈谈报告的适用性和局限性。

创造

创造是对经验通则化的过程。作为思维的最高层次，创造为学生在新的情境中形成想法和解决问题提供了基础。学生可以把研究方法应用到一个具体的情境中。由学生自己来教授科学研究方法，或者创新一个与传统标准不同的问题解决方法也是有可能的。

> 要点提示：学习，就是学生能够把知识运用到新的问题或新的情境中。

知识运用与记忆类型

现行对记忆类型或"记忆渠道"［在《学习与记忆：大脑的运动》（Sprenger，1999）一书中的叫法］的了解可以帮助我们区分各种运用知识的策略（如表5.1所示）。

表5.1　五种记忆类型及其识记策略

记忆类型	识记策略
语义记忆	图像组织法 思维导图法 时间顺序组织法 同伴影响法 模拟练习
情景记忆	见学 提示联想法 物品联想法 座位安排
情感记忆	音乐 模拟角色 故事法 角色扮演 辩论
程序性记忆	舞蹈 角色扮演 同音押韵法 歌诀记忆法 动作记忆法（行走，操练）
制约反应（自然性）	歌曲 诗歌 示教片/抽认卡 问答比赛

语义教学是所有教师的职责。换言之，教师通过语言信息来帮助学生形成知识的长时记忆。然而，语义记忆只是大脑获得知识的其中一种方式。情景记忆是对事件和场景的记忆。作为最直接的方式，情景记忆储存了人们对事件的情感记忆。卡希尔（Cahill，2004）提出，位于大脑边缘顶部的类扁桃体，是最原始的情绪机制，而且它具有重要的记忆功能。类扁桃体位于大脑的连接点，为与重要情绪相关的情感记忆建立起记忆的桥梁。程序性记忆用于储存肌觉记忆和动作程序，这些认知动作系统经过反复的练习后可以在不自觉的情况下自动行使。此外，记忆途径还包括制约反应/自然性反应记忆。因此，通过运用知识，学生会对信息进行加工并把信息以各种形式储存于大脑中。

多元化的记忆途径可以为学生提供各式各样的学习体验。获取知识，需要多种记忆途径的参与。请教师记住这点，笔头考试可以帮助学生实现知识的转移。基于此，要让学生把知识转变成语义记忆，教师必须让学生通过书面的形式再现所学知识。通过各种不同的情境，学生更容易把各种相关的概念性知识抽象化，并形成一个通则化的知识系统（Bransford，Brown，Cocking，1999）。

《学习、教学、测试目标分类学》（Adnerson et al.，2001）一书把再认和回忆定为低层次的思维技巧。记忆是一个不断发展的过程。德菲娜（DeFina，2003）认为，小孩无法把复杂的课程内容概念化。在 7~8 岁的阶段，学生能借助提示从大脑中提取一个相关的记忆。到了 10~11 岁，借助同一提示他们可以从大脑中提取三个不同的回忆。这意味着回忆会随着年龄的增长而不断累积。例如，80% 的五年级学生主要依靠事物类别来记忆信息和提取记忆。随着年龄的增长和教育的加深，他们就会形成通过概念分类来组织信息的能力。

这一结果表明，教师给学生布置的作业和练习必须依据他们的年龄和能力来确定。使用不同的练习策略是满足学生需求的一种手段（Sprenger，2003）。佩恩（Payne，2001）提出，在 7 岁以前，人们都是以事件的发展顺序来思考的，也正因为如此，人的大脑已经习惯了这种思维方式。人们的记忆就是由生活中所经历的各种事件和身处的不同情境按照一定的时间顺序构成的。要教授的课程如果涉及学生生活中独一无二的场景时，教师可以帮助学生把这次经历转变为长时记忆。以场景事件为线索的学习会帮助学生把知识储存在情景记忆里，最终情景记忆向语义记忆转变的过程就是学生获得知识的过程（Eichenbaum, 2003）。情景记忆大都包含了人们在某一特定时间的情绪感觉，因此在教学中唤起学生的情绪共鸣也会有助于他们把知识变成长时记忆。能激起学生情绪的练习策略可以包括辩论演说、角色扮演、说服性写作、工作面试和竞选活动。

助记方法的作用

常用的助记方法（如表5.2所示）包括同音押韵法、首字母缩写法、藏头诗、场景联想法、事物关联法和歌诀记忆法。这些方法可以帮助学生在大脑中形成视觉图像。

表5.2　帮助记忆的助记方法

助记方法	例子/说明
同音押韵法	记忆有序或无序的物品，可以先通过押韵的顺口溜对关键词进行记忆： · One is sun.　· Six is bricks. · Two is shoe.　· Seven is heaven. · Three is tree.　· Eight is gate. · Four is door.　· Nine is line. · Five is hive.　· Ten is hen.
首字母缩写法	全由字母组成的单词或短语，首字母是对单词的提示，也是记忆的关键（如：HOMES for the Great Lakes：HOMES 分别代表 Huron, Ontario, Michigan, Erie 和 Superior）
藏头诗	一句话里的每个单词的首字母是提示。例如："A Rat In The House Might Eat The Ice Cream"；这句话里每个单词的首字母组成单词 arithmetic（算术）。
场景联想法	借助一个场景和与之相关的物件帮助学生对一系列的物品进行记忆。首先选择一个确切的地点，把相关的物件放到不同的位置。（例如：去睡房，看到带镜衣柜是第一个物件，然后到床，再到台灯，然后是照片、窗户，照此类推）

助记方法	例子/说明
事物关联法	编一个故事，使得这个故事包括了所要学习的一系列内容。例如：要记忆的内容是英国南部的一些县市：Avon, Dorset, Somerset, Cornwall, Wiltshire, Devon, Gloucestershire, Hampshire, and Surrey. An Avon lady came to my Dor（Dor 和 Dorset 发音相似）and set（set 和 Somerset 的结尾发音一致）down her wares. She said she had Some more to set（构成 Somerset），but the Corn was growing over the wall（构成 Cornwall）of her shop. She said that it was making her flowers Wilt and she was shire（sure）（构成 Wiltshire）that the Devil was on（构成 Devon）her trail. She had Glossy（构成 Gloucestershire）teeth with bits of Ham（构成 Hampshire）stuck in them. Sure（和 Surrey 发音相似）enough, I slammed the door!
歌诀记忆法	根据记忆的信息编写一首歌或者顺口溜。例如：在电影《绛帐海棠春》里，宪法的修正内容被编成了歌曲。

助记法使用的前提是在学生所学知识和现有知识的基础上，帮助学生把信息存放在多元的记忆渠道，唤起学生对所学知识的专注和兴趣，使学生学会分类记忆信息进而能轻松地对知识进行回忆。学生现有的知识越少，助记方法的作用就越明显。因为学生可以通过某一特定的联想使记忆变得持久。尽管大脑可以通过联想把记忆和意义联系起来，但这些关联并不会增加知识本身的价值，因为关联提示自身并不是以意义为参照的（Gordon，Berger，2003）。

可以直接回忆的事实类信息，使用助记方法来记忆是非常有效的。但对于概念性知识的理解，详细的实践练习会比单一的助记方法更有效。要学生在学习中运用记忆策略，教师必须首先教会他们如何去使用这些策略。这些记忆方法并不是与生俱来的，但方法是可以习得的。正如其他类型的记忆一样，一种方法必须经过反复练习才能变为长时记忆，并在需要的时候被提取出来。

要点提示：助记方法是帮助记忆的一种手段。

脑力练习和体力练习

此外，还有两种练习的途径，其中一种是脑力练习。前面提及的一些研究，是关于运动员和音乐家是如何有意识地在大脑中进行有意回忆练习的。同样，学生可以使用这种方法来进行各式各样的练习实践。大脑对信息的有意回忆对帮助记忆很有效，这一过程若能重复进行几次效果会更好。而且，在回忆的过程中把该信息大声朗读出来，伴随着听觉记忆则会取得最佳的效果（Gordon，Berger，2003）。

另外一种途径是通过实践操作或运动实现的体力练习。动作练习可以促进学习，因为它提供了另一种模式的学习和记忆储存的途径。温林斯基（Wenglinsky，2002）发现，科学实验需要大量的实践操作。同样地，数学计算也是一个常用的练习方法，因为计算的过程可以帮助学生学习和理解概念知识。而实践操作对于学习运动的学生是至关重要的（Sprenger，2003）。家庭作业和练习实践应该包括体力和脑力的练习。

三年级分数教学

教学目标：要求学生理解分数是整数的一个部分，分数是集合的一个部分，以及分数是整数的一个分支。

了解分数：在上数学课时，罗杰先生要找一个学生帮忙。杰米举手，罗杰先生就让他上来。然后罗杰先生拿出一根长绳，问班上的学生："如果我要用这根绳把杰米分成两半，我应该把绳绑在哪里呢？"学生说应该绑在腰间。罗杰先生就照着学生说的，把绳系在了杰米的腰间。"如果我现在又要把杰米分成四个等份呢？绳子应该系在哪？"学生这回选了杰米肩膀上一点的地方。接下来，罗杰先生给每个学生都发了一根长绳，给他们一点时间，让他们用绳子试着把人分成不同的等份。

反思分数：罗杰先生在这个阶段选了学习成效图表来帮助学生思考所学过的知识。他要求学生画一个学习成效图表并把它填充完整。学生要记下三样东西，首先是他们对分数的了解，然后是学习中遇到的困难，最后是他们对分数感兴趣的方面。学生在做这个练习的同时，也是对他们现有知识的巩固。

认识分数： 为了帮助学生重新解码知识，罗杰先生要求学生从实际生活中找出一些和分数有关的例子。大多数学生想到的都是和朋友分享糖果、蛋糕或者在小摊上买柠檬水时的找零。

巩固知识： 罗杰先生在课室里来回走动，检查学生列举例子的情况。发现学生犯错误时，他会及时给予纠正，并帮助学生强化所学知识。

运用分数： 罗杰先生清楚知识运用的必要性，他希望通过各式各样的练习使学生学会高阶思考方法（表5.3列举了各种方法以及各自的特点）。罗杰先生还在每个方法后列出所用到的助记手段。通过练习，学生都能很好地掌握分数这个新概念。

表5.3 掌握分数的各种练习

运用知识的练习	帮助记忆的手段
1. 罗杰先生带了颜色各异的橡皮泥。学生可以选三种颜色。然后他让学生把第一块橡皮泥拿掉1/4，第二块拿掉1/3，最后一块拿掉1/2。	活动，动手能力
2. 第二个练习也是和橡皮泥有关，不同的是，按要求取出橡皮泥后，学生要算一下盒子里所剩橡皮泥的分数比率。	活动，动手能力，推理
3. 第三个练习要求学生把他们喜欢的分数做成招贴画。学生首先要写下所选的分数，然后画出一些物品，这些物品必须能够按照所写下的分数来切分等份（如，馅饼、苹果、橙子、糖果棒等）	活动，绘画，例子
4. 罗杰先生给每个学生带了问答游戏里的"馅饼"。每个馅饼可以分成6份形状和大小都相同的三角形。学生发现6个等份就可以合成一个馅饼。接着他们拿掉馅饼的1/3，并发现1/3等于两个1/6，就这样照此类推下去。	活动，动手能力，理解

运用知识的练习	帮助记忆的手段
5. 每两个学生为一组，在教学楼里走动，看看有哪些物品是以分数的形式出现的。例如，学生发现一杯水只装了一半，一支铅笔被削剩1/3，垃圾箱装了2/3的垃圾。	活动，合作，实际生活，理解
6. 罗杰先生带了两个完整的比萨。班上有22个学生，加上老师，他们要把这两个比萨分成23份。学生找出最快捷的方法就是把每个比萨分成12个等份，共24份，多出的一份就留给校长。	实际操作，多元感官，实际生活，实际理解
7. 在学生把所学知识进行实际运用后，罗杰先生要求学生反向分析，算算一碗沙能分为多少勺沙。两个学生为一组，他们用一个大茶勺来计算一碗沙能盛几勺的沙。	实际操作，合作，分析，评鉴
8. 学生每4人为一组，罗杰先生发给每组同学一包糖果，要求他们按照不同的颜色把糖果分开来。学生先算出糖果的总数，然后再求出每种颜色的糖果所占总数的百分比。糖果都是小包装的，所以数量不会太大。	合作，实际操作，评鉴，分析，应用
9. 罗杰先生让学生把多彩的、圆形的硬皮纸分成不同的等份。先把第一个分成2等份，第二个分成3等份，第三个分成4等份，照此类推。	动手能力，评鉴，分析，应用
10. 罗杰先生给学生提供了一个雪糕新地的模型，模型很大，有60勺的雪糕量。然后，罗杰先生要求学生计算百分比：30勺的巧克力口味，20勺的草莓口味和10勺的香草口味，各占总数的多少？	动手能力，推理，分析，综合，应用
11. 罗杰先生要求学生自己动手做一个雪糕新地。他们可以自己决定雪糕的口味，然后算出每种口味所占总数的百分比。	创造，评鉴，分析，应用

工作记忆到长时记忆的转变

运用所学知识的目的是把所得到的信息转变为概念性、程序性、和事实性的知识。多样化的练习实践和充足的睡眠休息都是学生记忆多元化的基础。前面提及的四个教学步骤可以帮助学生理解知识，形成工作记忆。到现阶段，运用知识可以促进大脑形成长时记忆。运用知识，可以促使大脑神经元网络建立深刻的接触点，从而提高了短暂记忆转为长时记忆的可能性。一旦信息经过加工变成多元化的记忆，学生就可以通过各种提示来提取记忆。

思考：

1. 运用知识是学生自身获取知识的最好时机。教师可以给学生布置各种形式的家庭作业和实践练习。

2. 循序渐进地学习、有规律地练习，有助于记忆知识。

3. 把每次的练习作为一个学习场景。在练习前，教师应该把场地因素考虑在内，运用挂画、图片和室内布置来帮助学生进行知识记忆和记忆提取，使教学指导更有意义。

4. 鼓励学生使用自己的方式对所学知识进行练习运用。每晚临睡前花几分钟对新知识进行复习，有助于保持记忆。

第六章　复习知识

及时复习能避免大部分信息从记忆中流失

> 填鸭式的教学是指在考试之前，教师通过高强度的讲解，把知识"硬塞"进学生的脑袋里。虽然这样学生也能学到知识，但是却无法把各部分的知识联系起来。
>
> ——威廉·詹姆士（William James）:《给教师的建议》

昆虫学考试前一天，我的朋友兼同事劳雷尔，在看她的教学计划书。书页面的顶端写着大大的"复习"二字。她自言自语道："我一直忙着观察记录这些昆虫的活动，连考试试卷都顾不上看一眼。还好学校现在使用的是一套全新的教科书，出版者连考试试卷都出好了。"

劳雷尔走到档案柜旁，抽出标有"昆虫"字样的文件夹。她发现里面有些相关的练习表格，她自己以前都很少用的。她在这门学科中有着多年的教学经验，积累了很多学习材料，足够让学生忙一整天。她抽出其中一份练习表格，上面印着"后期考试"，这颇让她惊讶。这就意味着之前应该有一个预测考试，但是她却忽略掉了。"哦，好吧，"她自言自语道，"我看看这个，确保没有漏掉考试知识点。"然而，更让她吃惊的是，出版者提供的试题不仅省略了一些她认为很重要的知识点，而且还添加了一些她没有讲解的知识。于是，她又埋头在档案柜里翻了一通，找出了去年她所教的三年级考试试题。对比后，她才发现，出版商的试题能更全面地涵盖所教过的知识。现在该怎么办呢？这一天下来，她一直盯着自己的教学安排表，心里琢磨着教学计划。她是否有时间、有精力去编写一份新的试题呢？还是她应该推迟考试呢？但这都是不可能的。后天要参加一个研讨会，劳雷尔并不想找人来代她监考。最后，她决定在复习阶段把遗漏的知识点全部补上。毕竟，学生本来就应该学这些知识的。

考试结果也就不言而喻了。在教师了解大脑如何运作，以及学生如何学习和记忆之前，我们都遇过类似的情况。复习是指在考试前根据时间安排，每天复习一、两章内容的知识点，老师可以针对考试的内容进行复习，也可以根据学生对课本存在的疑问进行解答。在初中和高中学生的短期复习中，我对他们的表现甚感满意。然而他们的考试成绩却让我大失所望。但是很快，我便找出了其中的原因：学生并不知道在课本上他们有哪些地方不懂。所以，让学生找出自己不明白的地方是徒劳无功的。能提出问题的学生表明他们已经透彻地理解了教材，提出的问题才会如此具有针对性。

> 要点提示：学生并不知道他们不懂的知识。

复习的必要性

复习实际上是对所学知识的重新梳理。通过各式各样的练习，学生储存在大脑里的知识已足够应付考试了，因此如果练习后便紧接着进行考试的话，那么复习就没必要了。但是，不管是为了通过综合性测试还是标准化测试，我们都希望学生能够牢牢地记住所学的知识。在这种情况下，复习就显得尤为重要了。

斯坎特（Schacter，2001）在讨论记忆"误区"时，特别强调了复习的重要性。在他所提到的七个误区中，其中有三个在课堂上必须加以重视：记忆堵塞、记忆混淆和记忆消逝。

信息被储存后，却无法被提取，就会出现记忆堵塞现象。教师都曾有过这样的经历：遇到一个教过的学生却怎么也想不起她的名字。有时候这种情况被称为"语塞"现象。我们隐约知道这个名字却说不出来。但过了一会儿，我们就能轻而易举地说出这个名字。这种情况也会出现在学生身上。他们明明知道问题的答案，但在考试中却无法记起。记忆堵塞常与一些专有名词相伴而生：人名、地名、文件名和一些有专称的资料名等。而有趣的是，如果是一个普通名词，我们通常都能找到与其意义接近的近义词（Schacter，2001）。例如，一个学生在写一篇关于越南战争的文章，他想用"combat（战争）"这个词，但恰恰忘记了它的拼写，那么他可以用"battle"或"struggle"来代替"combat（战争）"这个单词。但是，那场战争的名字却是不可替代的。针对记忆堵塞这种现象，反复复习可以帮助学生降低其发生的几率。

错误的情景信息和错误的信息来源都会导致记忆混淆，所以记忆混淆又被称为"记忆源问题"。学生经常会遇到记忆混淆的问题。在大脑前额叶发育完善之前，学生常常难以分辨信息的来源（Zola，2002）。

给学生讲解有关大脑的知识时，我曾讨论过穹隆。穹隆是一个位于丘脑正下方的大脑结构，它涵盖了神经元网络，能把信息传递到脑垂体，因此它在控制体温、情感、饥饿感、口渴感、生物钟和荷尔蒙等方面起重要作用，同时它也和脂肪代谢息息相关。放学后，一些学生在公车上讨论大脑结构。女生认为穹隆控制着饥饿感，她们还谈及了减肥药和一些能保持身材的运动。坐在旁边的一个男生说他曾读过的一本健康杂志说运动时能刺激海马回，从而使它产生新的神经元。

几天后，我就围绕大脑结构的知识对学生进行了一次测试。这个测试的目的不是为了评分，而是一个关于重编信息的练习策略，可以帮助学生巩固所学知识和纠正错误信息。同时，这次测试为学生提供了一个机会，把储存于大脑其他分区的信息转移到语义分区。考试中有单选题，其中一个问题是"最容易影响饮食和运动，也易被饮食和运动影响的大脑结构是：（a）类扁桃体；（b）丘脑；（c）海马回；(d) 穹隆"。大部分学生很快便选了 (d) 穹隆，但在公车上讨论过大脑结构的三个学生却选择了 (c) 海马回。为什么会出现这种情况呢？因为他们记得曾经谈论过海马回和运动的关系，就认为那是我曾告诉过他们的信息——这就是所谓的记忆混淆。

如果我在测试之前帮助他们进行复习的话，这种情况也许就不会出现了。如果再次讲解大脑结构和功能，这样就可能帮助学生消除对概念的误解。因为这次测试纯粹是一次练习，所以我把试卷评讲当作了复习，帮助学生纠正了错误的信息源。

记忆消逝，是一种随着时间的推移而衰退的记忆力，它也可以用来指遗忘曲线或记忆衰退理论。该理论表明，若长时间不提用大脑的神经元网络，它就会逐渐衰退，也就是所谓的"不用就没用"！人们做过多次的研究，检测大脑遗忘知识的速度。其中有一项研究与课堂教学相关，研究得出的结果也十分有趣 (Keeley，1997)：

· 时隔 1 天，人们记住 54% 的教材内容；
· 时隔 7 天，人们记住 35% 的教材内容；
· 时隔 14 天，人们记住 21% 的教材内容；
· 时隔 21 天，人们记住 8% 的教材内容。

另外一项研究就听众对讲座内容的记忆情况进行了调查，发现听众在 14 天后，居然忘掉了 90% 的讲座内容 (Keeley，1997)！

这些调查无一例外地说明了反复练习和定期复习的重要性。申克 (Schenck，2000) 认为，将定期复习贯穿于整个学习过程中，并逐渐延长其时间间隔，能加强大脑的长时记忆。对传统化测试和标准化测试两者而言，反复复习的时间间隔对学生的知识储存量影响很大。申克在研究中发现，大多数教师都是在知识的学习和练习过后很长一段时间，才进行考试复习。鉴于此，他建议教师从一开始就对所学内容进行间隔性地复习，然后，慢慢地增长复习的间隔时间（如图 6.1 所示）。

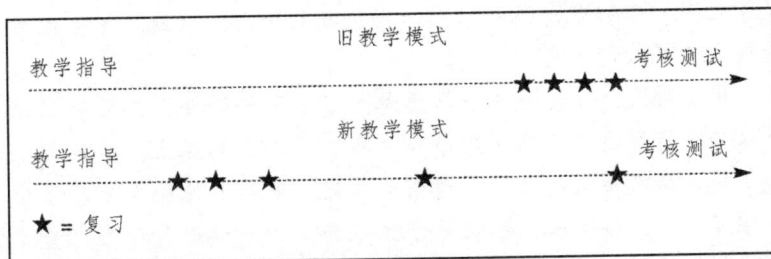

	旧教学模式	
教学指导		考核测试

	新教学模式	
教学指导		考核测试

★ = 复习

摘自 Schenck（2000）.

图6.1 复习计划

> 要点提示：不及时复习，重要信息就会被逐渐遗忘。

教授自然科学的教师珍妮在讲解"火山"这个单元的课文。这个单元的教学目标是：通过讲解大自然的破坏性力量和建设性力量的合力作用，帮助学生了解地形地貌是怎样形成的。破坏性力量包括地壳变动、火山喷发和冲积物沉淀；而建设性力量则包括风化作用和侵蚀作用。在学习的过程中，学生们直观演示了课文的词汇，还讨论了《没有夏季的1816年》，并写下了电影观后感。接下来，他们观看了有关火山的录像片段，编制了学习成效图表，最后，还欣赏了珍妮去夏威夷旅游、参观火山时拍的照片，并对其进行了讨论。珍妮花了一个星期的时间和学生去完成上述的活动，这已包括了校外活动的时间。珍妮决定下一次让学生们去科学博物馆进行实地考察，学习如何预测火山喷发的时间。

进行实地考察之前，珍妮会给学生进行第一次复习，确保他们理解了概念性的知识。因为这个单元的考核是一个"选择—反应型"的考试，所以复习必须与考核的目标相一致。为了引起学生的注意，珍妮决定以游戏问答的形式进行复习。她并没有为游戏准备问题，而是将学生分成两组，让两组学生之间相互提问。学生提问的形式多种多样，有些是单选题，有些则是简答题。珍妮对此感到很高兴，因为这些问题的形式与考试的形式非常相似。同时，在复习的过程中，学生非常积极地提出问题，并回答问题。复习过后，珍妮评讲了学生因不理解概念性知识而出现失误的问题。至此，学生们已经为这次考察做好了充分的准备！

出发那天，珍妮给每个学生都发了一张诠释导图，让他们记录下来整个学习过程。实地考察结束后，第二天的课上，学生以小组为单位，从四维角度讨论了考察的实况，并和其他同学分享了自己的学习体验。接下来，珍妮让学生以两人为一组进行一个调查。学生要利用互联网，调查历史上一个著名的火山爆发事件，搜索当时人们用于预测火山爆发时间的科学证据，最后学生还要写一份学习报告，说明该地理现象对其周围文明社会带来的影响。完成这个学习活动花了好几天的时间。

人的记忆是不稳定的，于是珍妮计划了另一轮的复习。这次她要求全班学生一起合作，利用彩笔和通告栏上的墙纸，绘出一幅思维导图。学生先在该图中间写下"火山"这个词语，然后在词语周围画上一些尘雾样图案——这就是所谓的"火山尘末"。这次珍妮要求学生自愿参与活动，让他们轮流写出相关的主要知识点，并简要地进行标释。然后他们还会针对每个知识点进行图像加注。这样，在一个知识点下，相关标题、知识细节和相关词汇都用同颜色的彩笔标了出来。为了和考试紧密相关，珍妮在练习过程中还设计了一些单选题，帮助学生总结回忆了绘制导图所需的知识。终于，学生们完成了火山的思维导图，珍妮在下一轮复习中还会用到它。

在接下来的复习中，珍妮还设计了一些应用题。她先给出熔岩的温度，然后让学生计算出问题的答案，问题是这样的：从火山口喷出熔岩的温度高达 1150℃，如果将这个温度换成华氏温度是多少？

几周过后，该单元的教学结束了。珍妮在期末考试前给学生复习了三遍课文内容。结果，她班上的学生都考得很好。

正如申克（Schenck，2000）所提到的，如果学生能积极主动地学习，并且在过后两三个星期内及时复习，那么他们对大部分知识的记忆能够保持两三个月。

要点提示：复习能让学生长时间地记住所学知识。

重印得到马歇尔·拉姆斯和阔普理新闻服务社的许可。

复习的方法

复习事实性知识是对信息的重新组织。请务必记住这一点，从长时记忆中提取信息后，把它转化为工作记忆的信息，然后核实信息的准确性，及时重新组织所学知识，这样就能提高记忆转移的速度。帮助学生复习必须致力于达到以下的目标：

·使复习知识、教学指导和考核测试三者相一致。

·检验学生记忆信息的准确性。

·提供必要的环境和条件，要求学生用高阶思维技巧分析问题、评鉴知识和创新性地运用知识。

·巩固学生现有的知识系统。

·让学生在考前进行模拟考试。

·避免填鸭式的知识记忆。

美国大学联考（2004）提倡的三种备考策略分别是：（1）尽量

熟悉联考中的内容；（2）及时更新和考试相关的知识和应试技巧；（3）找出没有学过的考点内容。

如上文所述，如果平时学生能够进行规律性的复习，那么就可以避免考前临时抱佛脚的情况。塔克曼（Tuckman，1998）在俄亥俄大学进行了一项研究，发现如果能给接受能力相对较差的学生多进行小考，他们就能在期末考试中取得较好的成绩。这一发现和温灵斯盖（Wenglinsky，2002）的一项研究结果相吻合：若老师定期给学生进行笔试，那么学生在标准化测试中能取得更高的分数。

不少研究者均认为，考试前死记硬背确实有助于提高考试成绩（Vacha，McBride，1993；Crew，1969；Schenck，2000）。举个例子，克鲁（Crew，1969）发现，一些学生在考前死记硬背两小时后参加考试，而另外一些学生却不做任何准备就直接参加考试，前者的分数明显比后者的高。然而，即使前者花了时间死记硬背，但在考试过后他们什么都忘记了。

随堂测验

脑相容教学是根据人脑如何处理信息的研究结果以及人类自然学习行为的观察，设计与人脑运作模式和学习倾向相容的教学。自15年前创立了脑相容课堂后，我一直都不提倡随堂考试。毕竟，不知会学生就直接进行考试，会给他们带来压力。而我希望学生在我的课堂上能够觉得轻松自在。

然而，就在去年夏天我改变了这个看法。那时，我写了一本书，名为《精通脑相容教学》（Sprenger，2002），并为此举办了一个为期五天的研讨会。当时一共70人到场，其中包括 K–12 的教师、专家、学者、校内的心理学家和行政人员。在会上，针对压力问题，我谈了一些减轻课堂压力的方法，例如在课堂上使用音乐让学生放松心情、使用清楚的教学程序、给学生设计活动、让学生明确学习的目标、配以明确的考核标准等。被问到对随堂测验的看法时，我告诉他们自己已经不再使用这种考核形式了，因为我觉得这种考试方式会给学生带来很大的压力。在休息的时候，一位教高中的西班牙籍老师走过来，满脸愁容地对我说，他会定期地对班里的学生进行随堂测验。他觉得随堂测验很可行，因为这样会促使学生完成作业练习，还可以提高他们的学习成绩。所以，他不知道是否应该改变原来的教学计划。后来，我们决定在研讨会结束前各自进行一些相关的调查，然后再一起讨论。

调查结果让我非常吃惊。比如说，格拉汉姆（Graham，1999）对 4 个心理学班级进行了调查，这 4 个班在整个学年中会不断地接受随堂测验，在这些考试后紧接着进行的标准考试中，格拉汉姆发现这 4 个班学生的考试平均成绩，与其他没有进行随堂测验的班级相比，高出了 0.5 分。事实上，这种随堂测验是学生学习的动力。在上述的调查和那位西班牙籍老师的例子中，这种经常性的随堂测验，可以说已经成为了他们课堂的一个必要部分。因此，在学生为随堂测验做准备的同时，在某种程度上来说，是为学生缓解了部分的压力，他们并不像我想象中的那样，承受着随堂测验带来的压力。

> 要点提示：利用随堂测验帮助学生复习所学知识，能使学生在往后的考试中取得更好的成绩。

其他的复习方法

事实性知识与概念性知识的复习方法有所不同。学生复习公式定理、概念定义或信息列表时，他们可以通过制作知识卡片、借助音乐旋律、规律诵读来帮助记忆，又或者通过机械背诵进行复习。这些方法可以帮助学生从大脑的各种记忆途径里提取所需知识，正如第五章所述。

如果要牢记概念性知识，学生需要以理解为主的复习。前一章所用的思维导图，是我所偏好的几种复习方法之一（见图 6.2 思维导图的绘制）。在进行该活动时，我会把全班学生分成若干个小组。复习当天，我给每个小组发一张 12×18 英寸的白纸，然后要求他们用彩笔把学过的概念性知识制成一张思维导图。如果要制作一个关于课文的思维导图，学生会参考原文、笔记以及所有的资料和练习。一般来说，制作一幅思维导图，一组学生需要 20～30 分钟的时间。

在完成导图后，学生会把它们贴在教室墙上或通告栏上，进行交叉检阅。学生相互检查对方的思维导图，如发现遗漏了某些重要信息，便会帮对方补上。正如我之前所说的，学习知识时，学生并不知道他们有哪些地方是不懂的。但经过这次课堂活动之后，他们便清楚了自己的知识盲点。然后，学生问问题时，我便可以提供反馈信息，帮助他们加深记忆。

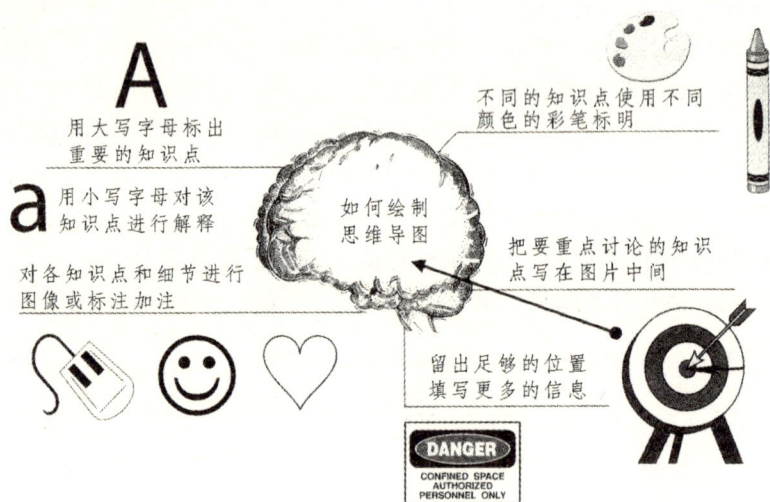

图6.2　思维导图的绘制

当然，教师还可以通过其他方法来帮助学生复习概念性知识，例如查找信息、概念图表、手抄笔记和考点列表，等等。除此之外，平时练习也要与考试题型相匹配。如果考试涉及主观问答题，那么在复习时也应该有该类题型的练习。如果考试考核学生的认知性知识，那么在复习时也应该涉及认知性知识。教师应该通过复习给学生提供一个运用知识的机会。或许某些复习的设计已经达到了这点要求，但是仅仅这样还不够，教师应该根据学生的学习体验，根据练习和考试相一致的"设计原则"，提出与之相关的问题，或模拟与之相似的情景来帮助学生复习，这会让学生受益匪浅。因为这样的复习既可帮助学生运用知识，又可帮助学生巩固记忆。

复习步骤性知识涉及更多的是对知识的运用、评鉴和分析。学生学习一项技能，他们需要对该项技能进行反复练习，而且练习的方式必须与考核的形式相一致。如果考核是以笔试的形式进行，老师就必须帮助学生把复习的重心转移到语义理解上去，帮助学生形成语义记忆。例如，学生一直都在动手解数学运算题，但考试却要求以文字的形式来记下每个解题步骤，那么老师就应该花时间帮助学生把所学知识与考试形式联系起来。这就要求教师帮助学生回忆他们解答数学运算题时所使用的方法。如果学生能想象出整个计算过程，他们就能运用所学的知识，解答试卷中的问题。不能把所学知识和考试联系起来，无法把知识运用到考试中，是学生无法在考试中取得高分的原因之一。再比如说，如果要求你把系鞋带的步骤解释清楚，但不能用手演示，也不能看，你还是可以做到的，只不过你会觉得有点困难或者有点别扭。因为这涉及知识记忆的转换。系鞋带，是个程序性知识，但要对其进行解释，这就要求你把程序性知识变为语义性知识，并用语言文字把整个过程复述出来。虽然刚开始会花费大量的时间和精力，但通过反复的练习后，你就会觉得它很简单，做起来也快了。由此可见，教师要帮助学生做的就是这件事情：把程序性知识转化为语义性知识，只要通过练习，学生也是可以做到的。此外，在复习的过程中，教师还要关注学生的情感体验。如果教师在教授知识时使用了一些激起学生情绪的练习策略，那么在复习时，教师也应当唤醒学生的这种情感体验。这些情感体验可以包括欢乐、激昂或悲伤，等等，所有这些在学习过程的情感体验都有助于学生唤醒记忆。因为每次回忆的过程就是一个练习和复习的过程。而复习就相当于唤醒记忆，这些记忆是学生在考试和人生中必不可少的。

　　要点提示：教师在教学和练习阶段中若利用学生的情感促进记忆，则需要唤醒学生当时的情感，帮助学生提取记忆。

知识复习，记忆转移和高阶思考

通过练习，学生会把大量的概念性知识和事实性知识储存在长时记忆里。学生会在接下来的复习中，对知识进行分析、评鉴和创新，从而对所学知识进行新一轮的分类。教师可要求学生根据对知识的理解，把相关的内容进行分类。例如，学生可按知识的主题主旨、道德规范和课文类型把记忆分类，并将其运用到现实生活中。例如，在学习《恺撒大帝》这篇课文时，学生可以把布鲁特斯和卡西乌斯这两个人物和现实生活中的人们作一个分析比较。又如，在复习消费者维权时，学生构思创作了电视广告，用以展示他们对"传媒影响"这一概念的认识。在复习社会科学时，学生评鉴了人与人之间尔虞我诈的现象，以及人们在战争时期对国家的贡献。

以记忆为目的的教学：案例分析《记忆传授人》（洛伊丝·洛利著）

福克斯太太的教学工作一直都按部就班地进行。她运用逆向的教学设计，导入所学知识，让学生理解讲授内容，然后设计了一份试卷测试学生的学习效果，检测他们所学到的知识、他们能记住的知识以及可转移的知识。从考试的情况来看，学生已经把小说《记忆传授人》的相关内容变为长时记忆了。在这个单元的教学中，福克斯太太设计了几个环节，用来帮助学生对所获取的信息进行重新编码，通过活动，学生对小说中的几个主题思想进行了思考。她的教学安排如下：

了解 1：学生进入教室后，必须首先选择自己就座的地方，教室被分成了两边，一边标注为"这里"，另一边标注为"别处"。在所有学生就座前，任何人都不许向老师提问题。全部学生就座后，他们就"这里"和"别处"这两词的区别，相互讨论，交换意见。讨论过后他们才开始看小说。

反思知识　1：学生要在日记本上写下自己对未知事物的感想。思考一下：如果他们要从"这里"去到"别处"，又会是怎么样的？

　　了解　2：第二天，学生进教室的时候，听见老师播放的《回忆》这首歌。然后老师要求学生去回忆一些美好的经历，并和其他同学分享自己的这些经历。

　　反思知识　2：学生在日记本的一页写下"回忆"二字，然后他们要在五分钟内写下尽量多的重要回忆。完成后继续阅读小说。

　　重编信息：要求学生从他们阅读的小说中选出一些例子，用以说明记忆和生存的重要性。然后他们要对两种不同的生活进行比较，一种是没有记忆和痛苦的生活，另一种是充满记忆和痛苦的生活。

　　巩固知识：福克斯太太利用苏格拉底提问法，帮助学生消除对小说的理解误区。她要求学生把自己的观点看法写到通告板上，大家一起思考。

　　练习　1：为把信息储存在程序性记忆里，福克斯太太要求学生角色扮演小说中的几个场景。

　　练习　2：在明确了明喻和暗喻定义后，学生要用加布里埃尔，乔纳思和解放制度，这三个名词来作比喻。

　　练习　3：要求学生比较当今的现实社会与小说中的社区社会。

　　练习　4：要求学生根据自己的经历，以社会为主题，制作一份海报，海报只能有黑白两种颜色。海报会在班上进行展示，然后学生要以小组为单位，讨论颜色的重要性和必要性。

　　练习　5：要求学生以新闻简报的形式概括小说《记忆传授人》的内容。该写作练习可帮助学生掌握故事的基本情节。

　　复习：了解小说主要内容后，学生需要对所掌握的知识进行复习。新闻简报是对小说主旨的概括，所以福克斯太太对该次写作进行了评讲，以确保主旨的准确性。接下来，学生就小说的主旨进行社论文章的写作。两人一组，互相交换新闻简报，然后就对方的观点写一篇社评。在学生完成写作任务后，老师还会进行点评。

　　练习　6：学生在此之前已学习过一篇课文《大屠杀》，该文章介绍了历史上各种毁灭性的战争和屠杀。现在他们要把这篇课文和小说中的毁灭性行为进行一个对比。完成这个练习，学生需要依靠知识记忆，把两课的知识联系起来，并把课本知识和现实世界联系起来。

练习 7：为了锻炼学生的分析能力、评鉴能力以及创新能力，福克斯太太要求学生补述小说开端前可能发生的故事，并续写小说的结局。

练习 8："日间托儿所"、"代孕妇"、"安乐死"和"志愿者主义"这些社会问题具有探讨的价值性，它们也可用以和小说中的观点进行对比。学生必须从中选出一个议题，在网上查找相关资料，结合小说对两者进行比较分析。

为了帮助学生掌握课本的知识，福克斯太太花费了好几节课的时间完成以上的活动。完成这些练习后，学生还需要在课前做准备和课后做作业。在开展活动的时候，学生都是以小组的单位来进行的。经过这八轮的练习和复习后，福克斯太太决定测试一下学生对知识的长时记忆。笔试考核的是实际知识的应用，于是她决定采用这种传统的考试，而试题的设计则应该以回忆信息为主，例如：

1. 在小说《记忆传授人》所描述的社会里，是否所有人的地位都平等？是否所有人都一样？请解释一下"平等"和"相同"之间的区别。

2. 在乔纳思生活的社会里，解放制度这个概念是非常重要的。你认为这个想法有何优点？是否有其弊端？请举出详细的例子说明你的观点。

3. 把我们生活的社会和乔纳思生活的社会进行比较，找出各自的优点。

4. 对于男女地位不平等，我们生活的社会和乔纳思生活的社会各自持有不同的观点。在乔纳思生活的社会里，男女地位不平等具体表现在哪里？

对于成绩不理想的同学，福克斯太太会首先弄清学生考试失利的原因，看看是因储存的知识不足，还是提取记忆时出现了问题。然后她将进行一次以知识再认为主的测试，考题包括搭配题、判断题和单选题。

在下列例子中，属于"平等"范畴的，请在该题前对应的横线上填写字母 E；属于"相同"范畴的，则填写字母 S。

_____ A. 人们对不同的职业所持的态度不同。（比如说，母亲告诉莉莉代孕生母是不受人尊敬的；人们往往更加尊重养父母）

_____ B. 在社区的大庆典上，同一年龄阶段的人，在同一时间，会被授予相同的东西。（如发型、计算器、自行车、衣服、奢侈品、姓名、父母、生日）

_____ C. 法律面前人人平等。

_____ D. 残疾人、病人、老人、被歧视的人等，最终都得到了解脱，这说明了在本质上人人相同。

_____ E. 对待每一个人，无论老幼，都要有礼貌，犯错时还要表示歉意。

_____ F. 所有人每天都在做同样的事情。（谈论梦想、分享情感）

_____ G. 在小说描述的未来社区里，没有贫富的差别，也没有贫穷的概念 —— 人人所得的都是一样的。（因为这个社会不存在金钱这一概念）

通过这次测试，可以找出学生在学习中遇到的问题。在第一次以知识回忆为主的考试中失利，但却在这次知识再认测试中获胜，说明这些学生在提取记忆时遇到了困难。他们在见到这些信息时可以做出辨认，说明知识已经被储存在大脑中了。针对这些学生，福克斯太太会设计一些练习活动，帮助他们从大脑中提取所需的信息。相反，如果学生在知识辨认的考试中表现较差，则说明他们存在着知识记忆方面的问题（Mason，Kohn，2001）。也就是说，知识并没有在大脑中形成长时记忆。造成这种情况的原因，可能是学生上课精神不集中或睡眠不足，也有可能是学生还需要更多的时间去记忆知识，或需要更多的练习去巩固知识。

要点提示：学生无法回忆或辨认信息，是知识记忆出现了问题；如果学生能够辨认信息但却无法回忆信息，则是提取记忆出现了问题。

二次讲解

通过复习，教师会发现学生在学习过程中遇到的问题，比如学生无法把信息转化为长时记忆或学生无法提取记忆。需要二次讲解授课内容时，教师可参考克劳利和西格勒（Crowley，Siegler，1999）在一项研究中提出的几点建议，这些建议都相当可行。他们的研究发现，教师在一开始就运用直观演示的方法教授新知识，会加深学生对知识的理解。然后由另外一个人用言语加以解释说明。最后就是使用重编信息的策略，让学生用自己的话把刚学过的内容复述一遍。很多教师一直都在遵循书中所提的七个步骤去教授学生记忆，但现在看来，这个"三步走"的版本在整个过程中的作用是最明显的。因为会有一部分的学生并不需要知识的二次讲解，甚至他们已经有能力去辅导其他同学了。请这部分学生进行二次讲解，不仅能给有需要的学生带来新鲜多样的体验，同时也能帮助这些学生进行自身的知识巩固。

西北地区教育实验室（2002）提出了其他几种科学研究策略，内容包括以下几点：

· 选用趣味性强的材料作为教学补充内容，例如使用有声教学软件和选用适合学生年龄的阅读材料。

· 反复讲解课本的重点难点，直到学生完全弄懂。

· 二次讲解时，要重点突出学习方式的不同之处。

· 重复讲解不是单纯地重复之前教过的课文，而是要加入不同的内容，引用不同的例证，辅导教学。

要点提示：二次讲解应采用不同的教学策略，给学生新的学习体验。

考试技巧的复习

曾有一位演说家说过，教师总会"想当然"，想当然地认为学生有这样或那样的能力。假设学生已获取了学科知识，假设学生已知晓了记忆方法，假设学生已理解了知识要点，假设学生已掌握了考试技巧，等等。但是研究结果表明，这些假设和实际情况是不相符的。

卡撒诺瓦和柏林纳（Casanova，Berliner，1986）提出，每年都必须给学生进行考试技能的培训。因为培训过后不久，学生便开始遗忘培训时的授课内容。通过观察统计，他们得出这样的一个结论：参加一个时限为 2 小时的考试技能培训，100 名学生的成绩排名中，原来的第 50 名上升到了第 45 名。参加一个 3.2 小时的考试培训，学生成绩排名会上升 8 名；5 小时即上升 10 名；30 小时竟然上升 19 名。班格特·布鲁斯和库克里（Bangert－Drowns Kulik，Kulit，1983）指出，培训学生考试技能，可以使他们的成绩排名从第 50 名上升到第 40 名。该项研究表明，花时间帮助学生熟悉考试技能是非常必要的。

复习注意

·如果考试试卷的印刷字体及大小与学生平时练习的有所不同，请在复习时让学生熟悉这种试卷样式。

·如果考试有时间限制，请在复习和练习时严格计时。

·如果考试座位统一安排，请在考试前几天，让学生按照考试编排的位置就座。

·如果标准考试不允许放背景音乐，请让学生在没有音乐背景的情况下进行模拟考试。

·如果学生对声音敏感，请学生（甚至是教师）在考试时穿鞋底相对平软的鞋子或帆布胶底运动鞋。

要点提示：提高学生学习技巧，引导学生复述所学知识，概括主要内容，记录重要内容，创作认知图表，以及使用先行组织者，这些技巧均能提高学生的考试成绩。

复习：提取记忆、重编信息和重储记忆

复习可以促使学生从大脑长时记忆储存区域里提取记忆。复习为学生提供了更多运用知识的机会，学生提取长时记忆后，把它转化为即时记忆，运用到新的情景中去解决新的问题。学生可以在复习的过程中提取所需的记忆，在接下来的学习中，教师就可以让学生回忆概念性知识，并将其运用到不同的问题情景中，这样就可引导学生运用高阶思维思考问题。

如果学生是为标准化考试做准备，教师应该帮助学生明确该次考试的确切目标、测试标准及评分基准。决定考试形式及范围的是出题者，而非教师，因而教师无法控制这些因素。对此，学生复习和练习时，覆盖面一定要广。类型各异的习题练习有助于学生对知识进行多元化的编码，这种对知识的多元化编码使得学生在提取记忆时更为轻松（Squire，Kandel，1999）。

教授学生形成知识记忆是一个不断循环的过程，储存记忆，提取记忆，再储存记忆。使练习和复习多元化，目的就是为记忆提供新的存储空间。

思考：

1. 请在编写教学计划的同时，设计复习方案。参考图 6.1，将定期复习贯穿于整个学习过程中。

2. 事实性知识需要学生进行机械性识记。如果学生在这方面感到困难，请向其推荐第五章的助记方法。

3. 知识的遗忘随着时间的增长呈上升趋势，因此，复习必须持之以恒。从长远的角度看，规律性的复习是最有效的。

4. 复习可以帮助学生巩固原有的长时记忆系统。那么，教师应如何在课堂上增加复习的频率呢？

第七章 提取记忆

通过暗示提取记忆

> 记忆能力不能促成记忆的顺利提取。
>
> ——拉里·斯夸尔、埃里克·肯德尔（Larry Squire,
> Eric Kandel）:《透视记忆》

你开车去学校（隐性程序记忆）。当到达教学楼前时铃声大作，你急忙从车上跳下来然后跑进教学楼（隐性刺激反应）。你走进教室，开灯，启动电脑，然后放音乐（隐性程序记忆）。两个学生跑进教室，说他们要在办公室帮忙，希望你能帮他们点一份热外卖。然后你不断地重复他们的名字和所点的午饭（即时语义记忆）。其他的学生就座后，你扫视一下教室，检查出勤情况。发现有个空位置，你闭上眼睛回想那是谁的座位（显性片段记忆）。哈！是查尔斯！你记起他和你说过他今天要去看牙医（显性语义）。这件事也让你想起了上次看牙医的经历，这使你不禁害怕起来（隐性情感）。当你说要"效忠誓言"的时候，整个教室都活跃了起来（隐性程序）。你想起还没收作业，就让学生把作业交上来（显性语义）。于是学生都把作业传给坐在排头的同学（隐性程序）。

上述情景中涉及各式各样记忆的提取，而记忆的提取也是大脑一种规律性的运作。记忆提取依赖于当前情景与相关记忆的联系。品克（Pinker, 1999）认为，大脑能够记住有用的、重复的和易记的信息。因为记忆具有选择性，所以帮助学生重复所学知识，让记忆变得更容易，前面所说的七个步骤是必不可少的。不然，要求学生在考试中提取语义记忆，将会变得很困难，甚至是不可能的。

第七章将会讲述影响学生提取记忆的几个因素。错误记忆、考试焦虑、测试偏差和环境场合，这些因素都会影响长时记忆的提取。

记忆提取的定义

一般来说，记忆提取是指回忆过去发生的事情或先前学习过的知识的能力。这种有意识的回忆称之为记忆。因为这种记忆能用语言表达出来，所以通常也称它为可言性记忆（Squire，Kandel，1999）。记忆过程包括两个步骤：明确当前有用信息和筛选已知有用信息。正如开篇所述的情景一样，确定信息是提取记忆的前提条件（Goldberg，2001）。

对事实性知识的考核，是一个确定回忆所学知识的过程。例如，我先给参与活动的学生做一个基本的记忆测试，要求他们记一张单词表，然后让他们写出来。参与者对指定内容的记忆，是一个高阶思维过程。而脑额叶在这一过程中起了非常重要的作用。

教授四年级学生美国内战时，迪斯老师重点比较了各个战争的异同点。通过韦恩图，她引导学生对各个地区的战争首领、战争战役、军队制服、斗争形式和战争原因做了比较。学生还根据相关的影片写了学习反馈。

在整个单元的学习中，迪斯老师进行了几次阶段性考核。她要求学生用简短的语言解释韦恩图。为确保学生能够理解该单元中的重点生词，她举行了一次词汇小测验。而在总结性测试时，她要检测学生对知识的整体理解。学生在之前的测试中表现得很好，但到了这一阶段，迪斯老师的目的是让学生从记忆中提取知识，从而对知识进行创新性的运用。

测试一开始有道题目是这样的："我们已经使用韦恩图比较过内战中各个战役的异同点，其中一个是分析了士兵们在休战期间用以解决烦恼的方式。现在请比较这些士兵和你们解除烦恼的异同。"

迪斯老师是词汇测试的出题者，她决定了考核的内容。她帮助学生明确了学习内容，使他们能够运用高阶思维，创新了口语练习的内容，对事物的相同点和不同点进行比较。而在最后一次考核时，学生成了解题者，他们可以自主运用各种方法解答试题。尽管这次考试并没有硬性要求学生使用韦恩图，但很多学生都这样做了。他们首先通过韦恩图把两者的异同点列出来，然后再答题。在这次总结性测试中，学生必须要掌握一些程序性知识，如分析事物的异同点，还有相关的概念性知识，如烦恼的定义、烦恼产生的方式，以及烦恼在不同年代、不同时期对不同的人群所产生的影响。

> 要点提示：提取记忆是指从长时记忆中筛选有效信息，把有效信息转为工作信息，并运用工作信息解决问题。

提取记忆的方式

人们常说难以回忆起过去发生的事情。从前几章可知，人们不可能回忆起大脑里没有储存过的信息。积极地参与学习活动能促进知识的获得和记忆的形成，反之，被动地学习则不能达到预期效果。人们无法从大脑中提取未经储存的信息。如果学生不主动参与课堂活动，就无法形成新的记忆，随之，他们的兴趣和偏爱都会影响到记忆能力甚至是记忆的性质。而主动地参与学习则能帮助学生提高长时记忆力（Squire, Kandel, 1999）。

斯夸尔和肯德尔（Squire, Kandel, 1999）提出："记忆储存在脑额叶的各个区域，而脑额叶主要负责感知和处理所需的记忆。"神经学学家认为，线索的准确性有助于提取记忆。例如，要求学生回忆最近看过的一部小说，提示是关于"一个寡妇再婚的故事"。这个提示包括女人、亡夫和再婚。这些信息似乎可以唤醒记忆，但是很多小说都有类似的情节。区分该小说与其他作品，回忆者需要的是小说所特有的方面。苏萨（Sousa, 2001）说过："我们总是运用事物的相同之处储存信息，但却通过区分事物的不同之处提取记忆。"

因此，回想者需要更多具体的信息，追溯情节的出处。也许，"你记得那部小说吗？是讲述一个来自美国南部的妇女在内战中失去了丈夫，后来又和一个北方人结婚的故事的。"增加这些细节，就能帮助读者成功回忆了。

错误记忆

这是一个简单的测试。我匀速地为学生读了一些词语，让他们坐着听而不要做笔记，当然我也不要求他们听完后尽可能多地写下他们记得的词语。

"羊毛毯，打鼾，沙发，催眠曲，小睡，醒着的，打盹，熟睡，安静，打呵欠，昏昏欲睡，做梦，疲劳的。"我看了一下单词表，然后和学生聊了约20秒钟，淡化他们即时记忆中的词语。

然后我说："好吧！如果有听到我读过'门'这个词语的话就把手举起来。"没有人举手。"很好，我的确没说过'门'这词语。如果听到我读过'醒着的'这个词语就把手举起来。"一些学生把手举了起来，"是的，我确实读过。如果听到我读过'睡觉'这个词语请把手举起来。"

当我问这个问题的时候，几乎所有的学生都把手举了起来。我摇摇头。"我没说过'睡觉'这个词语。"学生感到很惊讶。

"是什么让你们觉得我说了'睡觉'这个词的呢？"我问。

"老师您在耍我们，"布莱尔说，"因为您说了很多让我们联想到睡觉的词语。"

布莱尔是对的，但是他没意识到我是故意给他们提供一个错误信息的。我刺激了学生的关于"睡觉"这一概念的系统神经元网络。因为我提到了很多暗示"睡觉"的词语，所以他们就觉得我说了"睡觉"这一词语。

丹尼尔·夏克特在他的演讲中也经常使用这一技巧。人总会不时地给别人传递错误的信息，因而在考虑记忆提取和考核检测之间的联系时，我们必须要意识到这一点。客观性的考核题型包括单选题和判断题，这种测试很容易误导学生筛选错误记忆。

下面的测试就说明了这一点：处理记忆储存的神经元网络被唤醒后，它会影响到记忆提取的过程。测试如下：提出两个问题，要求学生用最快的速度回答。这两个问题如下：老师举起一张白色的纸，问学生："这张纸是什么颜色？"他们会异口同声地回答白色，然后老师紧接着问："牛喝什么？"这时，大部分的学生会说牛奶。但他们很快就意识到了错误，接下来就是讨论出现这种情况的原因。这是因为被唤醒的神经元网络影响了记忆提取的过程，同样，在限时考试中，学生也会发生类似的错误。

因此，教师必须要求学生在解题前认真读题。做单选题时，先把每个选项都看一遍。因为单选题通常会出现一个题干和可供选择的三个到四个选项。选项中只有一个是最佳答案，其他的则为干扰项。顾名思义，干扰项是用以干扰测试者的，但这些干扰项有可能包含了部分正确信息。如果该信息位于干扰项的开端，它就可能刺激了神经元网络，从而干扰学生把错误信息当作正确答案。

同时，学生在做判断题时，也会遇到类似的情况。题目的前半部分包含了正误两方面，但后半部分才是解题的关键。完成这类考题时，学生需要认真把问题读完才能判断出正确的答案。

要点提示：激活神经元网络可引起学生错误的联想。

考试焦虑

考试焦虑是压力的一种表现形式。考试时，学生承受着消极压力或积极压力。考试能促进肾上腺素的分泌，这实际上也帮助了记忆的提取。但是，有些学生也可能会被考试焦虑压倒。

塞坡斯基（Sapolsky, 1998）认为，要缓解考试压力，必须考虑以下五个因素。第一个是帮助学生预测考核内容。让学生了解他们所面临的考查，熟悉考核的内容，并充分地练习类似题型和复习相关内容。斯蒂金斯（Stiggins，2001）建议学生应参与考核之中，同时提出了几个解决的方法（如表7.1所示）。给予学生选择的空间是减缓压力的另一个重要因素。学生应该有选择的权利。正如教师给出三道作文题目，而学生只需选择两道作答。第三个因素是掌握考试的主动权。学生可通过了解考核目标，从而进行适当的备考而获得这种操控感。此外，适当的社交也能减缓压力。一个融洽的学习生活环境可以减少学生的考试压迫感。这时，教师还可以小组为单位进行测试。最后，体育活动也能减少压力。当然，这并不意味着让学生在考试过程中到处乱窜，相反，在考试之前让学生参加适当的体育活动可以帮助学生放松。

表7.1　学生参与考核程度

低参与度								高参与度
参与考核/获得成绩	可针对成绩进行提高	提出可行考核方案	构建考核方案	构设评分标准	确定评分标准	利用评分表进行自我评估	了解考核/评估的作用	结合教师评估和自我评价以获取知识

摘自斯蒂金斯（2001）。

对于害怕考试的学生，教师应常和其谈心，了解他们恐慌的原因，这会有利于教师帮助学生克服考试恐惧的心理。如果学生担心在考试时遗忘所学知识，或许某些助记方法可以帮助他们找回自信。如果学生担心考试时难题无从入手，那就让学生从最简单的题目着手答卷。还有些学生担心在限定的考试时间内无法完成试卷，因为解题速度也是考核的一个方面。那么，标准考试通常是有时间限制的，而课堂测试也应该如此。总之，在复习阶段，教导学生合理利用时间和进行计时模拟测试是很重要的（Chapman，King，2000）。

要点提示：了解学生，从而帮助学生减缓考试焦虑。

教学指导/考试复习/测试偏差

教学策略和考核目的不一致时，会给学生提取记忆造成困难。生僻词汇、考试难度、内容广度或记忆错位都会为提取记忆带来困难。

词汇

因为学生不熟悉生僻词汇，而影响了他们在常规考试和课堂测试中的表现。在常规考试中，高频出现的词汇，也可能是学生所不熟悉的。波帕姆（Popham，2001）曾在《考核的本质》一书中指出，在富裕的书香世家长大的学生，会对标准化考核中的词汇耳熟能详。考核语言更是如此，熟悉标准英语的学生在考试中更有优势，而父母的母语不是英语或父母使用不规范英语的学生则处于一种劣势地位。

进行课堂考核时，教师要注意自己口头所使用的词汇是否存在于学生的记忆"字典"里。如果考核中出现学生不熟悉的词汇，如那些他们未曾在书籍上见过的单词，那么测试就可能难倒学生。如果考核是以识记单词或辨认单词为目的的，那么学生首先必须能够辨别单词的发音（Schenck，2000）。这点对年幼的学习者和基础差的学习者都是非常重要的。

苏珊在修硕士课程的同时，还要指导一个六年级的班级，她对学习和工作都非常认真。这个学期，她选修的是课程检测。在下节课，她要根据学生现有的水平，进行一个课堂测试。这个测试必须与州际的考核标准一致，与其考核目标一致。

苏珊的学生刚学完杰里·斯皮内利著的《小杀手》中的一个章节，现在她要为学生准备期末考试，考试以笔试的形式进行。在小说中，每个章节都附上一个导读指南。学习小说时，学生们已经分组讨论过部分章节的内容，提出了疑问，并分角色演示了情节。班上同学都理解小说的内容提要，了解到小说中所提到的"小杀手"

是指一个10岁的小男孩在鸽子节上帮助大人们扼杀鸽子而得名的。苏珊肯定学生都明白了小说强调"成长"这一主题，所以她在检测考核中设计了以下的问题：

　　·小说中一再出现的硝烟，表明了小主人翁帕默在屠杀鸽子时有着怎样的忧虑？

　　·小主人翁帕默在忽略多罗西的时候为什么会感到压抑？为什么他私底下那么尊敬她而在公众场合却嘲弄了她呢？

　　·为什么几乎所有的威玛镇的10岁小孩都以成为小杀手为荣，而小主人翁帕默却痛恨这个传统？

　　（译者注：小说中威玛镇的男孩过10岁的生日，必须遵循两项传统。一是生日仪式，也就是在过生日当天伸出手臂来让镇上最酷、最狠的大男孩打得又青又肿，而且连一声也不准吭。二是担任一项"光荣"任务。原来小镇每年家庭节日的高潮就是射鸽大赛。大男人负责射杀5000只鸽子，说是为了筹款维护小镇的公园；年满10岁的小男孩则负责扭断受伤鸽子的脖子，说是为了结束鸽子的痛苦。）

　　苏珊对她设置的这些发人深省的问题甚感兴奋。然而学生的作答却令她相当地失望。后来她把考试试卷和学生答卷拿到她的硕士班上，希望能弄个明白。大家发现这个考试的考核目的和测试的标准是一致的，考题的设置也和苏珊在教学中所要实现的预期目标一致。

　　"那为什么他们做得那么差？"苏珊问她的同学。"我感到很失望。你们应该听过学生的讨论的。他们对其中的一些章节进行了总结，对剩余的也进行了释义。我们一起把各章节的关联都找了出来。我还以为这次考试会帮助他们把所学到的知识都运用上。"

　　苏珊的导师引导她对这个考核进行了分析，并简单地解释了一下测试偏差的定义。然后导师仔细地审视问题设置中所使用的词语。当导师问苏珊是否用了 compelling/abhors/recurring 这些词语时，苏珊记不起来了。她只知道设置的问题把概念都涵盖了，但却不知道是否用了一些比较复杂的词汇，因为考试的试卷是她的同学帮她检查的。

教师在设计试卷时，下意识地运用了一些高级的词汇，还想当然地认为自己懂别人也一定懂，这是很平常的。然而，正是这种词汇影响了学生对试题的理解，从而影响了学生在考试中的表现。苏珊使用这些词语的时候，只考虑到个别学生而忽略了整个班的总体水平。

> 要点提示：考核中所使用的词汇必须是学生所熟悉的词汇。

复杂度

苏萨（Sousa，2003）区分了考核的难度和复杂度。所谓复杂度指的是处理信息和解决问题的思维过程。难度则是指处理具有一定复杂度的问题所需付出的努力。根据布卢姆新的教育目标分类法，复杂度是指涉及思考的程度。问题越复杂，解决问题所需的思考程度就越高。问题越难，解决问题所需的努力就越多（如表7.2所示）。

表7.2　布卢姆教育目标分类法对思考过程中复杂度和难度的定义

复杂度					
难度	记忆	领会	运用	分析	综合	评价
	↓	↓	↓	↓	↓	↓

练习和复习在复杂度上必须和考核测试相一致。一般说来，做练习应循序渐进，先从简单的入手，进而过渡到稍为复杂的练习活动。而在总结阶段的练习或复习时所设置的学习活动，其复杂度必须与考核检测中所出现的试题复杂度相一致。

根据苏珊讲解的小说《小杀手》，表格7.3列出了一些思考问题，这些问题的复杂度和难度是逐渐递增的。

表7.3　用小说《小杀手》阐明布卢姆教育目标分类学

	知　识	领　会	运　用	分　析	综　合	评　价
复杂度	学习《小杀手》的主要人物	理解小主人翁帕默因为快到10岁而伤心的原因	把小说中涉及与鸽子有关的信息和某个因特网站上的信息进行对比	分析小主人翁帕默所痛恨的传统习俗	在鸽子节杀死5000只鸽子，判断这是否是一个合理的保养公园的办法	设计一个方案，该方案在代表成长到来的同时，必须要满足鸽子节所起到的作用
难度	描述这些人物的性格特点	找出书中另外两个人物角色对于10岁的反应	把和鸽子有关的信息和另外三个信息源进行比较，其中包括一个因特网上的信息	列出翁帕默痛恨的传统习俗，并把它们按程度从高到低进行排列	举办鸽子节所获得的收益和这些金钱的用途是否合理	为该镇居民制定这个方案的活动流程

> 要点提示：考核中试题的复杂度超出练习和复习的范围时，就会影响学生的考试水平发挥。

记忆转移

这个单元的学习很顺利。佩雷兹先生通过展示电影《绛帐海棠春》的情节引入了《权利法案》，学生们听得津津有味。在电影里，梅拉尼格里菲思这个角色根据《圣诞节的第一天（On the First Day of Christmas）》的曲调创作了一首歌来学习《权利法案》的修订案。学生都非常喜欢这首歌！于是，佩雷兹先生和他的学生都效仿这个做法，根据这首歌的调子写了自己的歌，内容都是关于《权利法案》的。

接下来，佩雷兹先生还把全班同学分成不同的小组，要求每组学生都做一个关于《权利法案》修订案的直观演示，并对其中的内容进行讲解。为了让学生了解什么是《权利法案》的修订案，他们还一起编了一个"权利法案之舞"。学生们通过舞蹈来揭示主题，每个不同的修订案都有不同的动作。复习时，他们还仿照"游戏问答"这个活动创新了"法案问答竞赛"。佩雷兹先生把全班同学分为两组。他读问题，同学们回答问题。只要回答正确，该组便有机会继续回答问题，直至他们拿到 10 分把"法案补充完整"。另外，他们还用了《修订案》里出现的词语做了填词游戏。这样可以帮助学生巩固对词语的理解。最后一个活动是根据《修订案》进行角色扮演。

但是，佩雷兹先生针对这个单元设计的测试却是笔试。笔试包括了选择题、判断题和简答题。学生发挥得并不好。

佩雷兹先生在这个单元所设计的考核测试和他所给予的教学指导不一致。虽然他早已确定了考核的形式，但是他在教学的过程中却没有帮助学生把知识储存在语义记忆里，也没有引导学生去运用这些语义知识。佩雷兹先生让学生通过情感练习（角色扮演）、程序性练习（舞蹈）和制约反应（唱歌和游戏）对知识进行记忆，而没有通过书面的形式对学生所储存的信息进行知识再现。因此，他的教学指导和考核测试是不匹配的。针对该单元的考核，佩雷兹先生有两种选择：首先他可以设计更多的动手练习以帮助学生获取语义记忆，再进行笔试；再者他可以选取以上这些练习活动作为实际的考核，配以合适的评分标准。如果要使上述的活动融入笔试的考核，佩雷兹先生可以要求学生在每次活动后写一份内容摘要或者进行同伴教学。

为理解信息，大脑会利用已知的线索或暗示通过记忆对知识进行搜索。在《权利法案》这个单元里的考核里，学生无法根据问题提示在记忆里找到对应的学习体验。如果考试能针对学生所进行过的舞蹈、歌唱和游戏这些活动进行，学生或许就能更容易地从大脑中提取信息。然而，这并不能说明佩雷兹先生的教学方法不对，因为学生参与到学习中是非常必要的。若能在原定教学计划的基础上加进语义学习的练习，测试结果就会更尽人意。

> 要点提示：考核的方式与教学和检测中的记忆方式相匹配，就能促进记忆的提取。

熟悉的环境！熟悉的环境！熟悉的环境！

我在体操馆训练拉拉队。这可是少有的一次课后训练，因为我们的球队正在大型体育馆里进行比赛。而篮球队教练好几个星期才休息一次，只有这时候篮球队才会在小型体育馆里训练，把场地让给我们。

女拉拉队员们必须要重新调整队形。不断的训练让她们靠得越来越近，我在帮助她们重新找回自己的位置。这次除了训练口号外，她们还要学习新的舞步。

"斯普伦格夫人，我们从来都没有在这里训练过，"克里斯汀紧张地说，"我跳舞的时候总喜欢盯着学校的画看，但是这里没有画！"

"克里斯汀，别担心，这个星期我们每天早上都会在这里训练的，你只要找到另一个定位点就行啦！"我回答说。

排好队形。我正准备放音乐时，看见凯莎走了进来。我想起自己答应过她今天下课后要给她补考的。

她不满地看着我："斯普伦格夫人，您不在教室，却让我在那里等了那么久。要不是贝尔先生告诉我您在这里的话，我还在教室里等着呢。我只有今晚有时间留下来补考。"

我为自己的疏忽向凯莎道歉。然后我打开成绩册，从里面抽出一份试卷，"现在该让她去哪里考试呢？"我寻思着，"总不能让她自己一个人回教室考吧，我担心她会作弊，但这里又太吵了。"我看了一下教练的办公室，那里没人。

"凯莎，你去布伦德先生的办公室，锁上门，在那考吧。如果音乐影响到你就告诉我。"

凯莎同意了。我回到体育馆继续训练拉拉队。然而，几分钟后凯莎又走来找我。

"做完了？"我问，"还是太吵了？"

"不是吵，斯普伦格夫人，是办公室的问题。坐在那里，我的脑海一片空白，什么东西也记不起。我得在您的办公室里，坐着我的桌子，看着黑板，才能进行思考。"

"可是，凯莎，黑板上面什么都没有啊，"我回答道，"黑板上没有答案的。"

"看着黑板有时就能想出答案，我考试时就是这样的。"她坚持道。

于是，我带凯莎去了我的办公室进行补考。这可不容易啊，我必须在拉拉队和凯莎之间来回奔波。还好有布伦德先生帮我训练拉拉队。凯莎也很快就完成了试卷，而且做得不错。

但凯莎的话让我感到很吃惊，于是我开始留意在教室里考试的学生。我的发现可真令人大跌眼镜。复印学生的名单后，我开始记录学生在小测验、写作文和填写工作表时的表现。我的观察发现，这班八年级的学生中，大约有30%的人会专心致志地做手头上的工作，他们在这个过程中不会到处张望。大约40%的学生则偶尔抬头看看，但并没有特别地看什么东西。另外，有15%～20%的学生则经常看黑板或老师。有5%～10%的学生隔几秒就会看一次黑板、投影机屏幕、布告栏或监考老师！而凯莎就是他们中的一个。

这个现象的调查甚具说服力。早在1690年，约翰·洛克（John Locke）就描述过一个年轻人在房间里用木桩练舞的案例。该青年发现若没有木桩他就无法记起舞步（Baddeley, 1999）。就考试而言，以考核学生回忆知识能力的测试，熟悉的外界环境是很重要的，然而以辨认知识为目的的测试，由于本身就包括了一定的信息提示线索。因此，它对环境的依赖会相对较少。

两年前，在一次州际考试中，我亲身经历了一次这种情况。附近社区的一位校长打电话给我，因为他非常担心学生的写作考试结果，所以让我和该校教师合作，找出学生考试失利的原因。我要求看一下学生在这次考试中的答卷，校长就给我提供了一些复印的版本。我发现学生在考试中未能充分发挥他们的写作水平，是因为教育部门缺乏明确的指引标准，学生无法了解自己的写作是否达标。

"学生是在哪里考试的?"我问道，一个八年级的老师找出了考试安排表，看了一下，说："学生都是在他们本班教室考试的。有些是社会调研老师监考，一些是自然科学老师监考，一些是数学老师监考的。"他说："只有我的班是我亲自监考的。我教五年级到八年级的写作。"

通过观察在语言教室参加考试的学生成绩，我得出了一个有趣的结论。很多在本班写作教室里参加考试的学生，都能达到甚至是超过写作的要求。他们的作文字数也超过了所要求的字数。熟悉的环境和写作老师的陪同帮助学生回想起一些既定的写作要求，进而达到了写作的标准。相反，其他教室考试的监考老师都不是教授写作这一学科的，他们无法促成学生对写作要求的回想，学生无法扩展写作主题，因而均写了较短的文章。

该事件引发了一场关于写作要求和常用词汇的讨论。没有人能确切地解释为什么这件事会在这一年发生在这些学生的身上。也许是因为考试安排和以前的不一样；又或许是因为这些学生对考试的环境特别敏感。

外出讲学时，我和管理人员及老师们分享了这一经历，并和他们探讨了该现象发生的可能性。我们一直以为，只要学生对所学知识进行适当的练习和充分的复习，把短时记忆转为长时记忆就会轻而易举地提取信息。很多案例都能说明这一点。但对于学生来说，他们需要更多的时间来实现记忆的转移，因为每个人的语义记忆巩固程度都不相同。艾勤包姆（Eichenbaum，2003）提出，可通过提取记忆碎片和萃取其中的概念意义来实现记忆转移，这一概念意义将会成为稳定的语义记忆。因为脑部发育程度、注意力集中程度、目的动机和经历体验各异，稳定的语义记忆有利于老师为学生提供展现自我的机会。

要点提示：在熟悉的环境里，学生更容易提取记忆。

考核方式和提取记忆

回顾以下两种主要的检测方法是非常必要的。阶段性测试一般是作为对课堂教学的一种信息反馈，用以促进学生学习成绩的提高，它包括笔试、个人交流、学习展示和学习档案。总结性测试是评估学生在某个具体时间段所学到的知识，这可以是一个单元、一个章节的测试，也可以是全国性、全省性的考核检测。这些测试必须和州际性，甚至是全国性的检测目标相一致。为检测记忆转移的效果，测试题目的设计不应该把重点都放在检测事实性的知识上。考核的重点应该是概念性知识的理解（Bransford，Brown，Cocking，1999）。

考核表现

学生通过表演的形式反馈所学的知识时，记忆提取是依靠程序性记忆完成的。丹尼尔森（Danielson，2002）提出了考核表现的两种方式：随意性考核和系统性考核。学生学习如何运用知识，教师可对其进行观察，这是随意性考核的一种。教师可以保存观察记录，也可以使用一定的评分标准。然而，问题是，教师是否应该对这类型的考核进行评分。在《学习的评定》一书中，奥康纳（O'Connor，1999）主张，老师应该对学生的总体努力做出评定，而不是纯粹记录某一阶段的表现。同时，他还建议老师在开始新一阶段的学习时，向学生说明计算成绩的方法。

系统性的正规考核应在学生自我展现之前进行。同时，还要制定考核标准，让学生确切了解他们要达到的目标。有了这些标准，学生就能应付自如，为考核做好充分的准备。然而，考核带来的压力，正如考试引起的焦虑一样，是影响提取记忆能力的主要因素。如果以班为单位考核个人表现，在全班面前进行演说会给参与考核者造成困扰。进行全班性演说，如果能给予学生选择话题的余地就能减轻他们的压力，同样的道理，让学生选择考核表现的模式也能缓解他们的压力。例如，那些害怕演说的学生可以通过散文、录像带或其他的方式来传递他们所要表达的信息。

传统考试

笔试通常要求学生在一定的时间内独立完成，而且不能使用外部资源，例如笔记等。换言之，试卷中已包含足够的提示线索，可以帮助学生回忆事实性知识、概念性知识和程序性知识。因此，试卷题型的设计必须要与考核的知识类型相一致。建构反应型的考试，像写作考试，可以用于检查学生运用高阶思维去分析、运用、评鉴问题的能力。检测事实性知识、程序性知识和概念性知识，则需要另一种考核形式（Stiggins，2001；Danielson，2002）。

"选择—反应"型的考试包括选择题、搭配题和判断题。虽然这些题型也可以用来检测学生分析、应用和评鉴问题的能力，但是客观性考题主要是考核学生记忆事实性知识和独立的概念知识的能力。

建构反应型的考试要求学生独立组织答案而非选择最佳的答案。考试题型包括填空题和写作题，用于测试学生理解概念的能力、解决问题的能力和高阶思维的能力。

> 要点提示：是否选择合适的考核方式是决定提取记忆成败的关键。

记忆提取失败

教师按照上述七个步骤引导学生提取记忆，理解教学内容，但学生仍然无法达到预期效果，教师应该采取什么措施呢？针对这种情况，教师应该从以下几个方面着手，逐步检查各教学单元中的内容。

1. 保持教学和考核的一致性。教师必须从授课的最终目标入手。如果教师能根据教学目标、持久性学习和关键性问题等要素来设计考试测评，学生就能顺利地提取记忆。有时候，教师在授课的过程中会偏离考试的检测方向，所以教师必须要把教学活动和下列五个因素联系起来，这五个因素包括教学目标、持久性学习、关键性问题、客观性证据和检测性考试。

2. 帮助学生反馈教学内容。虽然讲解教学内容占用了大部分的课堂时间，但教师绝不能为节省时间，而省略了帮助学生反馈所学知识这一步骤。必须及时帮助学生反馈学习。教学不能广泛而无深度，所以教师应该让学生通过学习反馈，把各部分知识紧密地联系起来。

3. 协助学生巩固知识。研究调查发现，帮助学生巩固知识，对学生成绩的提高有关键性影响（Cotton，2000）。因此，教师必须及时为学生提供学习反馈，以帮助他们纠正理解性错误，从而加强和巩固对知识系统的记忆。即时反馈可以通过同伴互评或电子邮件的形式来实现。

4. 制定不同的练习策略，满足不同学生的需要。每个学生的需求都是不一样的，教师必须适时调整教学模式。需要重复讲解教学内容时，教师宜使用其他方法，以满足那些尚未理解教学内容的学生的需要，使得大部分学生克服弱点，发挥所长。

5. 定期给学生进行复习。本书在第六章通过图表对定期复习进行了诠释。教师务必要把复习贯穿于整个单元的学习中。一旦发现学生不理解授课内容，便应适时复习所学知识，然后才能继续下面的教学。

6. 及时反馈教学经验。反馈教学经验是必不可少的。教学是一个不断学习的过程，教师总能在其中学到各种各样的知识。因此，要提高教学质量，唯一的途径是不断地反思，并适当地调整教学模式。如果教师需要反复讲解知识，或重新测评学生，也不要着急。因为研究者发现，要求学生理解教学材料时，重复讲解内容是十分必要的（Cotton，2000）。

记忆提取对记忆的影响

长时记忆是由短时记忆转变而成的，正是这一发现使得我们在记忆研究方面取得了更大的进展。进而把概念性知识和程序性知识运用到新的情况中。斯夸尔和肯德尔（Squire，Kandel，1999）说过，遗忘是随着主动学习而逐步发生的。记忆系统的运作是指大脑从不同的情境中提取语义信息。通过不断重复的练习和复习，大脑会逐渐形成记忆，然而，新的信息和不同的练习模式会对原有的记忆进行修改。再者，考核的方式也有可能改变原有记忆。

提取记忆是对情景的再现和知识的回顾。练习可以帮助学生把记忆加工成一种新的形式，这是一个运用高阶思维思考的过程，学生可以根据经验，把相关的信息运用到相似的情景中。

记忆的提取受到多种因素的影响，其中包括练习的数量、复习的频率、理解的深度、反馈的程度、巩固练习的方式和次数。

思考：

1. 掌握快速提取记忆的技巧，能够帮助学生建立自信。授课时，教师如何确保每个学生都能掌握这个技能？

2. 有些学生不善于学习，需要较长的时间提取所学知识，教师应该如何为这些学生营造一个最佳的学习氛围呢？

3. 注意：学生对知识的长期性理解是否和教师的教学策略相一致？

第八章　优化教学

> 优秀教师选取的教学方法更有成效。又或者说优秀教
> 师有更多可供选择的教学方法。
>
> ——罗伯特·马扎诺（Robert Marzano）：《教学可行策略》

卡罗琳今年再度担任写作课的老师。她教七年级的学生，学生今年不用参加作文统考。卡罗琳在班里成立了一个写作研讨小组。她认为写作是一个循序渐进的过程，通过在写作小组的学习，学生会清楚地看到自己的进步。小组各成员间的合作交流和讨论探讨，可以帮助学生提高他们的写作水平。根据多年的教学经验，卡罗琳已经制定出一套自己的写作标准，而评价学生习作已经是习以为常的事了。

一天，新上任的校长来到卡罗琳的办公室，递给她一份国家教育委员会发出的通知。通知是关于如何采用国家教学大纲教授写作的研讨会议。校长让她和其他几位教授语言的老师去参加会议。

研讨会当天，卡罗琳颇为震惊。因为她发现自己的写作教学重点与国家的要求并不相符。有很多方面都是国家要求的重点内容，但是她都忽略了！因为她任教的那些年都刚好是免考学年，所以从来没人给她太大的教学压力。而且在她的指导下，学生的写作已经取得了很大的进步。但研讨会过后，卡罗琳发现自己的教学还有很多与大纲不符的地方。

第二天，卡罗琳去上课的时候，她带上了这份写作大纲和一叠讲义，讲义里对大纲的每一项要求都进行了解释。虽然她有这些材料，但是要把这些标准都运用到教学里却不是那么容易的。当卡罗

琳把材料发给学生，逐一进行讲解时，她发现了这份大纲和自己的标准也有相似之处。于是她尝试着把对学生写作研讨小组的要求和这些标准联系起来。过了一段时间后，大家逐渐了解了这个大纲的具体要求。卡罗琳对教授写作的预期目标改变了。她对学生要达到的目标要求也有了明显的变化。通过师生的共同努力，卡罗琳成功地把大纲的要求贯彻到了实际教学当中。

我们都会有这样的经历：学习新的知识时，一开始会感觉彷徨失措，但是通过不懈的努力，我们是可以把握住的。我在中学时期第一次听到这样的话：大一新生不知道自己不懂的东西。大二学生知道自己不懂的东西。大三学生懂了，但还以为他们不懂。到了大四就能清楚地认识到自己的才能了。

上述情况对于教育工作者和从事其他职业的人们也不例外。没有科学的学习模式和学习方法作为对比，我们都不知道问题出在哪里。有了对比，我们才会意识到自身的不足。专业进修给教师提供了一个学习的机会，在把政策要求贯彻到实际教学当中之前，我们都不能说自己是懂的。只有通过实践，才能优化教学，提高教学技能。

七大阶段的小结

重复知识对形成记忆大有裨益。当学生提醒我在课上重复了自己说过的话时，我就是这样对他们说的。下面是我对各个阶段所做的小结。这些也是教授学生如何形成长时记忆的重要知识点。

第一阶段：了解学生

教师对学生的关注和激发他们学习兴趣的技巧不需要做"彻底的整顿"。只需要对当前的教学计划做一些小小的改动，因为学生对于新奇事物是非常感兴趣的。青少年尤其需要学习的新鲜感和学习的热情（Feinstein，2004）。通过第一章的学习，我们得知下面这几点有助于我们了解学生学习需求，从而帮助学生形成长时记忆，并将信息转移到感官记忆里。

- ·注意力
- ·学习动机
- ·学习热情
- ·意义学习
- ·师生关系
- ·学习新鲜感
- ·先行组织者
- ·知识关联

> 要点提示：如果教师不了解学生，就不能教好学生。

第二阶段：反思知识

让学生将所学知识联系起来，教师需要给他们足够的时间。这个给教育工作者提出了三个时间概念：等待时间、对焦时间和思考时间。思考的过程，是学生检索记忆、整理归类知识的过程。对进入工作记忆的新信息进行思考和反思，学生会找出新信息与原有知识之间的关联，使其转变为长时记忆。这样，学生就可以把新的知识串联起来。关于如何培养学生深入思考的七个建议：

①提出问题
②发挥视觉想象
③记录学习体验
④定向思维引导
⑤学习成效图表
⑥合作学习
⑦四维思考

> 要点提示：思考不是奢侈品，而是必需品。

第三阶段：重编信息

当信息进入工作记忆的时候，学生必须使用自己的语言对其进行解码重编。研究调查表明，经过解码的信息会记得更牢。如果学生能够对概念知识进行诠释，他们就能将其转为长时记忆。如果学生不理解所学知识，教师就应该及时纠正错误理解或重新讲解一遍。这是一次利用有科学证据的调查研究帮助学生达到学习目的的好机会。下列策略可帮助学生重新编码信息：

- 诠释信息
- 举例说明
- 分类信息
- 概括信息
- 推导信息
- 比较信息
- 解释信息
- 使用非语言表征

> 要点提示：经过解码重编的知识信息更易于记忆。

第四阶段：巩固反馈

在巩固反馈阶段，教师要让学生明确他们是否已经理解了所学的事实性知识、概念性知识或程序性知识。学生对知识进行重新编码后，教师应对其进行非评分性的评价，给予反馈意见，这样教师就可以帮助学生消除错误的认识。在第四阶段使用的三种反馈意见包括：

- 动机性评价反馈
- 信息性评价反馈
- 发展性评价反馈

> 要点提示：反馈意见对学习至关重要。

第五阶段：运用知识

当学生能够用自己的语言对事实性知识、概念性知识或程序性知识进行诠释的时候，他们就可以把知识转为长时记忆。本章有五种记忆类型、各式各样的学习方式和多种助记方法可供使用。机械识记适用于事实性知识的记忆，而意义识记的适用性更广。练习活动的多样性对长时记忆的形成是非常重要的。因为学生对知识进行诠释后，他们只是在大脑中建立了知识的神经元网络。这些神经元网络还没有建立起深刻的接触点，缺乏反复的练习和实践，大脑就无法形成长时记忆。这个阶段是把信息从工作记忆中提取出来，并把它储存在大脑的各个区域里，以便随时随地地提取所需知识。

该阶段需要牢记的概念包括：
- 机械识记
- 意义识记
- 睡眠休息
- 定期复习
- 练习与实践
- 记忆类型多样性
- 记忆途径多样化

> 要点提示：运用知识越充分，记忆知识越牢固。

第六阶段：复习知识

运用知识可以促使信息转为长时记忆，而复习知识则是检索有效信息，并使之进入工作记忆的过程。经过处理的信息又会再度成为长时记忆。复习的时间规律是很重要的。刚开始的复习间隔时间不能太长，慢慢地可以延长间隔时间。请注意以下几点：
- 复习必须和教学指导、考核测评相一致。
- 复习是为了检查记忆的准确性。
- 复习是为学生提供一个使用高阶思维技巧的机会，去分析、评鉴和创新运用知识。
- 复习是对现有知识水平的加强。
- 复习是为考试做准备，让学生在相似的情景下进行模拟练习。
- 复习是为了避免填鸭式的学习。

要点提示：若没有及时复习，大部分信息将从记忆中流失。

第七阶段：提取记忆

提取记忆是指从长时记忆中筛选有效信息，使之进入工作记忆，并用以解决问题。记忆提取依赖于当前情景与相关记忆的联系，当问题出现的情景与学生学习知识的情景相一致，提取记忆的暗示也一致时，学生就能成功地提取记忆。这个阶段包含了以下这些概念：

- 考核种类
- 记忆提取的线索提示
- 促进知识再现的方法
- 促进回忆知识的方法
- 考试压力

要点提示：通过暗示提取记忆。

元认知

通过这七个循序渐进的教学步骤，学生开始认识到他们是如何学习知识和记忆知识的。意识到这点后，学生就会在学习的过程中进行思考，从而对自己的学习系统形成了解。元认知包含两个方面：一方面是指学生对自身认知过程的认识，即对大脑思维模式的认识；另一方面是指学生对自身认知过程的监控和管理（Anderson et al.，2001）。最近一项研究结果显示，这两个方面在学生的学习中都起到了非常重要的作用（Bransford et al.，1999）。

该书所讲述的七个阶段都是为这两个方面所服务的。在本书中，我一直强调学生要反思知识，因为这不仅是形成记忆的一个步骤，它还是学生在每次学习、每次练习和每次复习以后都应该有的一个环节。学生通过对所学知识的反思，就可以明确该"学什么"，进而得知该"怎样学"。该书的目标是要帮助学生对知识形成牢固的记忆，一种长期的、可转移的记忆。这七个阶段揭示了记忆的形成过程，如果学生了解了自身的学习进程，知晓了自身的认知过程，学习就能继续向下一阶段迈进（如表8.1所示，学生形成记忆的步骤总结）。

表8.1 学生形成记忆的步骤总结

步骤	特点	记忆处理
1. 了解学生	注意力 学习动机 学习热情 学习方式	感官记忆→即时记忆
2. 反思知识	提出问题 合作学习 发挥想象	即时记忆→工作记忆
3. 重编信息	自我诠释 运用表象 相互磋商	工作记忆
4. 巩固知识	反馈意见 二次教学 独立创造 工作记忆	情感记忆
5. 运用知识	知识重复 机械识记 意义识记 规律复习	工作记忆→长时记忆
6. 复习知识	与教学一致 预测问题 突发问题	长时记忆→工作记忆→长时记忆
7. 提取记忆	考核测试 线索暗示 考试压力	长时记忆→工作情感记忆

在开学的第一周，我就给学生分析了大脑学习和记忆的过程。我给他们解释了长时记忆的形成，还和他们分享了一些帮助记忆的窍门。然后我用一些简单的考试来测试他们的记忆能力，使他们对

自己充满信心。在开始新单元的学习前，我会告诉学生该单元的教学目标和教学流程，以便让他们能把课上的知识都变成自己的长时记忆。最后，我还要求他们对自己的认知学习过程进行自我反思。

人们经常都会问别人："你在想什么？"问者或许是存心挖苦，又或许是真心询问。而我则会问学生："你是怎么想的？"我要求学生了解自身的认知学习过程，并能说出对各种策略知识的认识。认识到该认知系统后，他们就会明确自己的学习任务，从而生成个人的元认知，并能够对学习进行自我调节。

我还整理了一份"如果一则"表格，用于帮助学生了解自身所处的学习记忆阶段，进而明确下一阶段努力的方向（如表 8.2 所示）。学生还可以参考此表进行自我测评。当学生了解了记忆的形成和自身所处的阶段时，他们就会知道下一步该做什么。

表 8.2　了解学生需求的"如果一则"表格

如果学生无法再现教材内容，……	如果学生不能对客观性知识、概念性知识或程序性知识进行自我表述，但却能重复老师的话语，……	如果学生在复习时无法回想起知识点，……	如果学生在模拟考试时无法回想起有关知识，……	如果学生只能对知识进行简单再现，但无法随意回忆，……	如果学生无法对知识进行运用，……	如果学生能对知识进行运用、分析以及评鉴，……
请返回第一阶段，去了解学生	请返回第二阶段，让学生对所学知识进行自我反思	请返回第三阶段，让学生对知识进行重新编码	请给学生进行一次以知识再认为目的的测试	请返回第三阶段，用另外一种方法帮助学生对所学知识进行重新编码	请返回第四阶段，让学生巩固一下所学知识，并给他们提供一些发展性的反馈信息	请进入第五阶段，帮助学生对知识进行反复运用，增加练习的创新度和复杂度；也可以进行复习、考核或继续新知识的学习

教师对当前研究的关注

教师的知识水平及教学技巧在很大程度上影响了学生的学习成绩（Darling – Hammond，1997）。当教师不熟悉教学内容时，学生的学习就受到了限制。其他一些研究表明，学生对教师的期望值对学业成绩也有影响，期望值高可促进学生的学习，反之则会产生阻碍的作用（Danielson，2002）。而学生对教师的期望值会随着教师的专业水平的提高和教学方法的改善而增加。教学是为了让学生理解知识。

教师们经常说："不要告诉我为什么，我只想知道该做什么。"但恰恰是这个"为什么"告诉了我们教学的重点。我之所以在教学中致力于教授学生去区分知识的异同点，正是因为我知道这个方法可以帮助他们提高45％的知识增益值（Marzano，Pickering，Pollack，2001）。

教育工作者必须关注相关的科学研究，包括针对教学策略的研究和最新的关于大脑学习记忆的认知研究。彼得森（Peterson，2000）提出，作为神经系统科学领域中的一个分支，记忆研究是可以应用于课堂教学的。

申克（Schenck，2000）指出，学生成绩的75％取决于复习和考试之前的学习过程。学习动机、注意力、对信息的重新编码、对知识的巩固和练习，决定了一个学生考试成绩的75％，剩余的25％则是由复习和考试所决定的。

教育工作者必须关注最新研究及相关刊物，这些知识可以提高教师的水平，进而帮助学生记忆知识和理解知识。对最新研究的了解可以使一名教师成为专家。因为只要具备了相关的背景知识，教师就能够选用适当的教学手段，吸引学生对学习的专注，并加深他们对知识的理解。试验性研究给教师提供了一个当前研究趋势的纵览概要和建议意见。而案例分析型研究则给教师提供了一些新的教学方法和考核方法，以供参考。需时多年的一项跨区域性研究可用以区分两类学生的成绩，一类学生的成绩是具有代表性的（例如，同一个年级的学生），而另外一类学生的成绩则受到了教学及其他因素的影响。另外的一些研究，像研究两者关联的报告，则会用以说明变量因素是如何互相影响的。

　　学校给教师提供专业进修的机会，表明了学校领导关注的不仅是学生学习成绩的提高，还有教师专业技能的提高。但是这并不意味着教师"不称职"，这恰恰表明了教师需要不断提升自己，通过学习最新知识和完善教学方法，来帮助学生更好地掌握知识。短期的进修或许可以给教师带来一些可行的教学策略，但是长期培训的效果更明显，它不仅可以给教师提供教学反馈，还可以帮助教师改良落伍的教学方式，形成有效的教学模式，这是教学发展的必然趋势。如果教师在实施新教法的过程中遇到了困难，他们很容易会倾向于旧的教学方法，即使旧方法效率不高。要持久地理解知识，学生需要反复地练习和教师的反馈，教师要把可行的教学方法落实到实际中也是如此，他们需要通过反复地尝试和听取学生的意见。最后值得一提的是，教师大都知道自己教学不足的地方，在进行专业培训时，教师必须把国家的规定要求和自身的实际教学结合起来，取长补短。

> 要点提示：教师必须关注当前的科学研究，尤其是和大脑学习、记忆形成和转移记忆相关的研究。

学生是否应该留级？

　　如果一名学生因掌握的知识不足，无法在州际性或全国性的考试中达标，该学生是否应该留级？在这个责任当头的社会里，学校要为学生的学习负责，但这种负责是否只停留在一个简单的学生是否应该留级的问题上？让学生留级会对他们学习有帮助，这一点值得怀疑。美国视导与课程发展协会开展了一项关于《关注与成绩》的调查，在其概要中指出："在当今责任化的时代，学校就学生的升级问题提出了更加严格的要求，如果学生的学习成绩无法达标，特别是阅读和数学这两科没有达到学校的要求时，学生就得留级。"然而，研究阅读的学者萨莉·谢维兹（Sally Shaywitz，2003）对此持不同看法："首先，不能让学生在原来的级别上多待一年……留级的作用不大。"根据她的调查，没有经过留级的学生在学习上和情感上的表现更为出色。

阅读专家黛布拉·约翰逊（Debra Johnson，2001）对当前关于学生是否应该留级的文献资料进行了一次审查。她发现留级会影响到学生在学校的行为、态度以及出勤。而当前的文献资料和教学惯例就学生留级问题提出了以下五种选择方案：

·**强化学习**：制定严格的标准、明确的目标和全面的课程安排；为学生提供知识渊博、教学老练的教师；为学生创造更丰富的学习体验。

·**组织教师进行专业培训以保证教师的教学质量**：持续、有效的专业培训在很大程度上影响学生的发展。

·**教学多元化**：使用多元的教学方法，以定时测试、因材施教和学生的智力发展为中心。

·**考核和反馈**：阶段性的考核和总结性的考核测试可以为教师和学生提供教学和学习的反馈。

·**及时解决问题**：为学生提供更多的教学指导，介绍一些可供选择的学习方法。

此书的目的是为了帮助学生对所学知识形成长时记忆——学生掌握了足够的知识，可以提高学习成绩，从而避免留级。留级对学生情感方面的创伤是非常大的。塞弗恩纳（Sevener，1990）表明，留级给孩子带来的心理压力负担无异于失去双亲或失明。只要依循明确的教学目标，帮助学生对知识进行反思、练习、巩固和复习，学生就会获得永久性的知识理解。教师应该结合课堂考核和考试风险来判定学生是否可以升级。但是，帮助学生对知识形成长时记忆，对记忆进行转移，对知识进行运用，是教学的最终目标。

成功孕育新的成功

知识记得越多，学生对自己的记忆力就越有信心，进而会继续努力学习。在此，我建议教师让学生对自己的学习进行描述，看看自己是如何学习自己感兴趣的知识，又是如何在这个领域里独占鳌头的。然后告诉他们学习是遵循一个模式的。当学生一步一步将所学知识转为长时记忆时，他们在学习上取得的进步也会接踵而至。每往前走一步，都要帮学生巩固一下所学过的知识，这可以通过信息反馈和直观演示来进行知识的强化。简而言之，让学生看到并且感受到他们自己在学习中的进步。

学生的学习取得进步，教师也会为之充满成就感。学生对学习充满热情，教师对教学得心应手，这是一个互相促进的过程。在此过程中，教师会更易于找出每个学生的问题所在，并帮助他们去解决问题。

本人非常赞同和鼓励教师对此做出尝试。

思考：

1. 当你自己的学习曲线在七个步骤中呈上升趋势时，请仔细思考一下自己的学习过程。学习过程中的哪一阶段对你而言是最容易的？当你在学习中遇到困难时，你是从哪里寻求帮助的？

2. 你对当前调查研究的熟悉程度如何？或许你可以尝试在学校里举办一个读书研讨小组。

3. 你对自身的专业发展有何看法？结合自身的需要，然后与同事就这些方面交换意见。

4. 你就职的学校是否面临教师流失的问题？你所处的地区能为教师提供何种咨询和帮助？

5. 你是否愿意加入一个同辈教师的群体协会或一个学习小组，为统一教学标准和教会学生记忆贡献自己的力量，从而帮助更多学生取得学业上的成功？

附录 A 大脑简介

该附录回顾了脑部的基本结构和功能，有助于读者了解记忆过程。

脑叶

脑部主要由四个脑叶构成（如图 A.1 所示）。它分为左半球和右半球，每个半球都有叶干。左半球主要负责处理具体信息，而右半球则负责处理图表信息。因为信息储存在大脑的不同区域，所以我们要了解大脑的各部分位置及其具体功能。

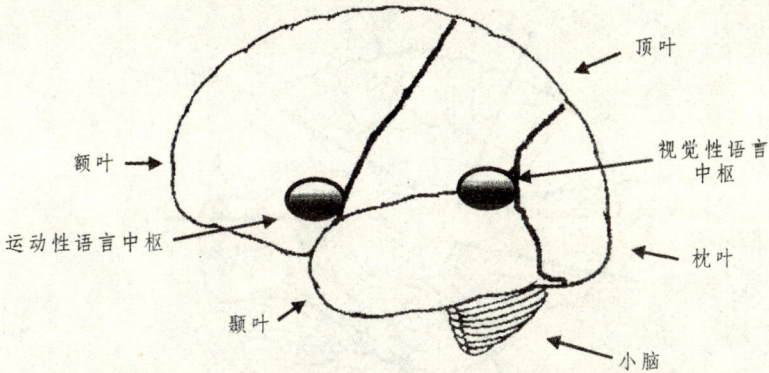

图 A.1 脑部四个主要叶干，视觉性语言中枢和运动性语言中枢

顶叶：顶叶位于后脑的顶部，也就是中央沟之后与侧裂之上。它与感应感官、空间意识和解决问题能力有关。

枕叶：枕叶位于后脑中间，负责处理视觉信息。枕叶里储存的事物、人物等有关信息能解释新的信息，帮助大脑了解视觉世界。

　　颞叶：颞叶位于耳朵上两侧，负责处理听觉、记忆和语言信息。

　　额叶：额叶位于大脑顶部和前额后面。它是大脑中最大的区域，主要负责管理信息，例如工作记忆、高阶思维、未来规划、决策和选择。

要点提示：记忆分布在大脑叶干的各个部分。

脑部结构

　　在大脑里，很多功能各异的结构组织都和记忆有直接或间接的关系（如图 A.1 和图 A.2 所示）。尽管大脑各个部分都具有具体的功能，但事实上大脑却是一个管理身体各系统的总枢纽。它通过各个区域共同合作，完成任务并帮助人体学习和记忆。

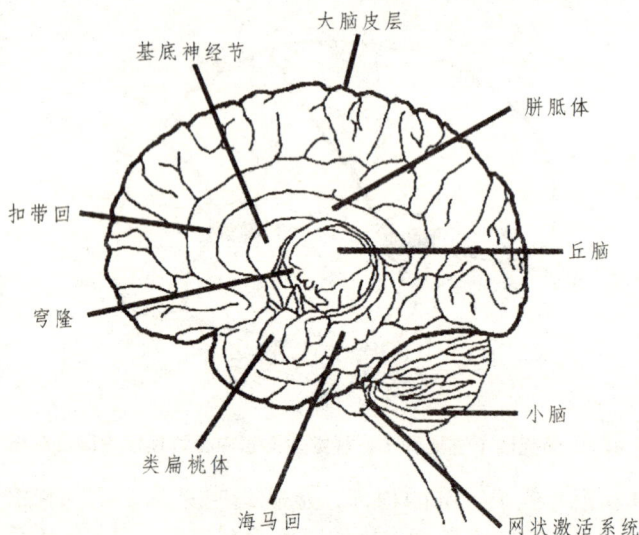

图 A.2　脑部四个主要叶干，视觉性语言中枢和运动性语言中枢

类扁桃体：类扁桃体是一个形似核仁状的结构，位于大脑的正中间，是大脑边缘系统的一部分。类扁桃体用于处理情感信息。筛选信息后，类扁桃体把信息储存于大脑中，以备将来之用。

扣带回：扣带回位于额叶，与注意力、情感、动机和记忆有关。研究结果表明，扣带回是学习时序信息的主要区域（Quartz, Sejnowski, 2002）。

基底神经节：作为反射系统的一部分，基底神经节位在大脑皮层的底部，和扣带回一样，处理大脑中部分的记忆信息。

运动性语言中枢：位于左太阳穴下面，与语言表达有关，包括词汇、句法和语法。

小脑：小脑位于后脑枕叶下面。人们一直认为小脑只与维持身体平衡有关，但新的调查研究表明，小脑在协调随意运动和开展思维活动中起到重要作用（Giedd, 2002）。

海马回：在类扁桃体附近，埋在颞叶里，也属于边缘系统结构，负责处理事实信息。同时，它还是促使短时记忆转变成长时记忆的关键结构。

大脑皮层：大脑皮层处于大脑最上面，约八分之一到四分之一英寸厚。大脑皮层的各个叶干里储存着人的各种记忆。

伏核：伏核是一个与反射系统有密切关系的重要组织，位于大脑正中，紧挨着类扁桃体。

网状激活系统：网状激活系统是脑干部位的神经网络，它控制着身体的刺激反应。它连接着额叶、大脑边缘系统、脑干和感觉器官。海马回也和网状激活系统相互连接。当外界刺激传入冲动时，海马回可以把刺激信息和过去的记忆进行比较，并对事件作出判断（Ratey, 2001）。

丘脑：丘脑位于大脑的正中间，有时被认为是大脑边缘系统的一部分。这个重要结构能过滤所有接收到的感官信息，并将信息传导给脑叶的相关区域。

视觉性语言中枢：该中枢位于大脑左半球，与语言理解能力有关（听取语言能力）。

要点提示：大脑中许多结构组织均参与记忆储存和记忆提取的过程。

信息网络系统

除了嗅觉直接地进入大脑边缘系统外，其他所有的感官信息，都是通过脑干进入大脑的。因为嗅觉直接与类扁桃体和海马回交流沟通，所以气味总能唤起强烈的记忆。

网状激活系统是大脑的第一个筛选组织。通过筛选信息，它可以确定引起刺激的重点。但是，网状激活系统是如何判断刺激的重点的呢？它是根据一些基本的原则来做出筛选的。最重要的原则是满足生存的需求（肚子饿时是否尝试过集中精神），然后是好奇心，最后才是选择权，如我们能够做自己想做的事情。我坐在电脑前打字，如果盯着键盘看，我就会发现自己忽略了部分的信息。如果发现键盘上黏着糖浆，我的注意力就会立即集中在这新奇的事物上了。在讨论学习注意力时，我们就会意识到网状激活系统功能的重要性了。

信息通过网状激活系统传送到丘脑。像电话接线员一样，丘脑把信息和传递的终端联系起来：可视信息传送到枕叶，听觉信息传送到颞叶，等等。每个脑叶都有独立的大脑皮层，该区域会对传递的信息进行分类，并将其与过去的知识联系起来。信息经过辨别后，便会进入大脑，并由海马回和类扁桃体筛选过滤。如果该信息属于事实类的，海马回就会把信息保留在工作记忆里，直至信息转化为长时记忆，与此同时，海马回对信息的分类使得将来的记忆提取成为可能。如果是情感信息，会由类扁桃体对其进行分类。经过分类后，相关信息会重新上传到感官区以便转化为长时记忆。

大脑细胞

大脑约有三磅重，其中包含着多种不同的脑细胞。神经元细胞占大脑细胞总数的 10%（如图 A.3 所示），主要负责学习和记忆储存。它们依靠电解物质连接起来，组成系统网络，而当这系统网络被激活时，就能用于储存记忆了。

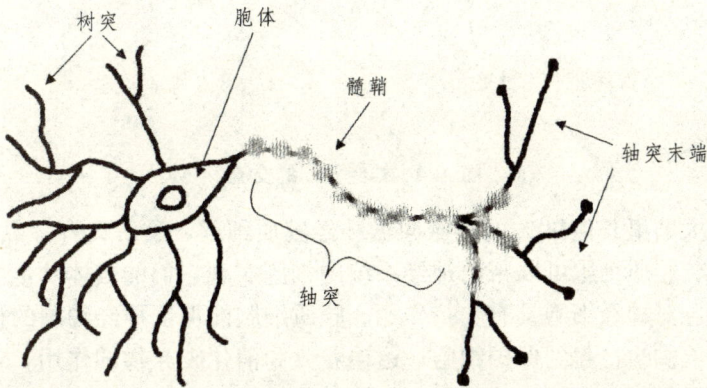

图 A.3　神经元

　　神经元的其中一个结构是树突。树突是细胞体的延伸部分产生的分枝，这就好比枝干上的分枝，它是接受从其他神经元传来的信息的入口。树突的受点部位接收到信息后，转而把信息传送到细胞体，信息就会沿着形似树桩的轴突而下，传到其他神经元的出口。每个神经元均只有一个轴突和若干个树突。为传送各种各样的信息，轴突还长了"根"，即轴突末端。离开轴突后，信息就会变成一种化学物质——神经递质。神经递质跨过突触，与另一个神经元的树突接触。

　　神经元进行信息传递时，我们说他们被"激活"了（如图 A.4 所示）。尽管大脑中常发生脑电波活动——神经元常常放出低电流的脑电波——但当神经元的活动没有节律性、没有目的性时，我们就说神经元处于"抑制"状态。共同对信息进行处理和传递的神经元细胞称为神经元网络。这些网络组成了大脑传递信息系统。综上所述，我们知道，储存记忆需要激活神经网络，而我们的身体里就存在着成千上万这样的网络。

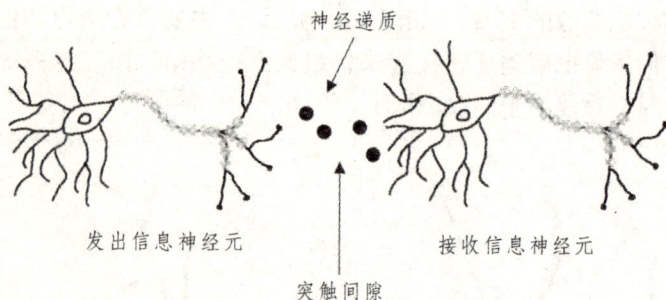

神经递质

发出信息神经元　　　　　　　接收信息神经元

突触间隙

图 A.4　神经元间的交流

　　大脑里其他 90% 的细胞叫做神经胶质细胞。胶质具有"黏性"之意，胶质细胞可以帮助神经系统的细胞实现它们的具体功能。胶质细胞对神经细胞具有支持作用。胶质细胞能保证神经细胞的代谢和营养供给，起到保护细胞、运输养分和消化废弃物的作用。它们是神经细胞之间交流的桥梁，如果没有这些细胞的存在，记忆的储存也会受到影响（Barres，1997）。

　　另外一种胶质细胞——髓鞘，则能提高神经网络中细胞之间的信息传递速度。髓鞘是一种白色的脂质，遍布于大脑之中，随着个体的成长而发展（Eliot，1999）。人一出生，大脑的某些区域中就已经形成髓鞘了，例如一些涉及听觉、运动和哺乳反射的区域。前额正下方的前额叶是最后一个被"髓鞘化"的区域。当前额叶充满髓鞘后，会引起一系列的变化，人的决定能力、计划能力和其他相关的高阶思维能力就会骤然提升。但是，大脑前额叶的"完全髓鞘化"要到 20～30 岁之间才会完成！

化学物质

　　神经细胞之间进行信息传递并建立神经网络，是一个电化学过程。在神经元细胞里发生的变化是一个电解的过程，但神经元细胞之间的信息传递则是化学物质对化学物质的一种交换。这些存在于大脑里的化学物质称为神经递质。为帮助读者了解记忆的形成，该附录将对其中一些神经递质进行解释。

乙酰胆碱：把信息转换成长时记忆，乙酰胆碱起了非常重要的作用。睡眠时，乙酰胆碱的浓度会升高，这就对理论中所提出的观点做出了解释——充足睡眠会有助于记忆的巩固。

多巴胺：多巴胺是一种具有多种功能的神经递质。我们还在基底节区发现了属于反射系统的多巴胺受体。该反射系统深深地影响了人们长期决策和记忆储存（Halber，2003）。

内啡肽：该神经递质常与身体能量产生的一种兴奋感有关。它对学习和记忆也是非常重要的。

丁酸（伽马–氨基丁酸）：伽马–氨基丁酸是一种具有镇静作用的神经递质，可以防止大脑对刺激反应过激。当伽马–氨基丁酸的浓度过低时，人体就会产生焦虑（Whitaker，1999）。

谷氨酸盐：这种刺激性神经递质可以激活学习和记忆系统。

肾上腺素：大脑形成新的记忆，并把该记忆转为长时记忆时，都需要肾上腺素的参与，因为肾上腺素是原发性神经兴奋所需要的神经递质，使机体产生动力，提高警觉性和集中注意力。

血清素：血清素是一种起镇静作用的神经递质。羟色胺在调节记忆和学习能力以及食欲和体温方面起着重要作用。血清素过低会出现失眠、抑郁，诱发攻击性行为，而且会加剧对疼痛的敏感。保持血清素的平衡有助于集中注意力和做出正确的决策。

要点提示：记忆储存在神经元网络里，该网络是通过神经递质进行信息的电化传递的。

探索记忆

感官记忆

所有的信息都是通过感官：味觉、嗅觉、视觉、听觉和触觉进入大脑的。而感官记忆非常短暂，它们只能持续几秒甚至更短的时间——这仅仅足够让大脑意识到所发生的事情。丘脑把感觉到的信息传送到相应的大脑皮层后，零碎的感官记忆会被传送到海马回区域，海马回重新把这些感官信息重组成一个完整的事件。对感官记忆的加工会使其进入记忆的下一个阶段，即留在即时记忆里（Arden，2002）。

即时记忆

感官信息进入大脑后可以保持大约 20 秒。有人称该记忆过程为自觉记忆或短时记忆，而短时记忆确实可以分为两种，即时记忆和工作记忆。

看到一个餐厅的电话号码后，还能凭记忆拨打该号码，这就是即时记忆。但如果这一过程中被打断了，我们就会忘掉这些数字，然后重新查找电话号码。工作记忆的能力是有限的，它的数字记忆个数只能达到七个，这个七位数字的信息能保持约 20 秒。

积极工作记忆

从即时记忆中提取信息并对信息进行加工，这一过程包括了工作记忆的激活。工作记忆为复杂的认知任务提供临时的储存空间和加工时所必需的信息（Baddeley，1999）。增加工作记忆容量可以帮助学生在标准化测试中更好地发挥水平（Klein，Boals，2001）。因为工作记忆会从长时记忆里提取信息，并找出与当前所要解决的问题相互联系的信息。工作记忆可以储存信息达数小时、数天、甚至数周。为使信息转变为长时记忆，该信息必须与过去经验形成关联。换言之，该新信息和先前存储的信息必须要有一定的联系。

学生解决数学问题，进行短文写作，阅读故事和课文，他们都要用到工作记忆。通过保持和整合工作记忆里的信息碎片，学生创新思路，提出假设，从而解决问题。

长时记忆

信息经过充分的和有一定深度的加工后，在大脑中被完整地保留下来，这种记忆称为长时记忆。顾名思义，这种记忆是永久性的。

在大脑中建立起知识网络，并对知识进行反复运用，就会形成知识的长时记忆，长时记忆会使记忆提取更为便捷。

如果过去的知识经验和新信息之间没有联系时，大脑是否能对新信息进行储存呢？我常常想这一问题。大脑可以通过各种不同的记忆途径把新信息储存在长时记忆中。例如，把信息以韵律或动作的形式呈现出来，可以促进信息的记忆。而在此过程中如果能唤起学生的学习情感则更有利于他们记忆信息。有时指出相关信息的异同也可以帮助学生理解信息，并储存信息。

要完成复杂的认知任务，学生必须具备大量的知识。如理解课文、演示技能，这些学习活动均需要大量的工作记忆参与其中，因此，工作记忆对信息的保留只是一种暂时性的保存，并不足以完成复杂的认知活动，学生必须在此基础上，把新知识的工作记忆和过去学习体验的长时记忆联系起来。举个例子，学生要读懂一个故事，那他就必须记住先前所出现过的人物角色和故事场景，那么在看到相关的人物指称和代词提示时，他才能跟上故事的情节发展。此外，学生还需要相关的上下文信息，从逻辑上整合文中句子提到的信息。同样地，在做数学运算题时，学生必须记住每个换算步骤的结果（心算数学问题）。这时，长时记忆与工作记忆是在交替工作的。

长时记忆可以分为外显记忆和内隐记忆两种。而这两种记忆还可以细分为一些具有明确功能的记忆（如图 A.5 所示）。

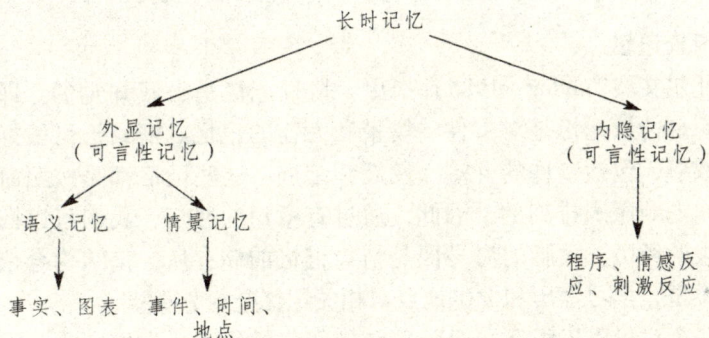

图 A.5　长时记忆功能分类

外显记忆

在完成任务的过程中有意识地回忆过往的学习体验，是对外显记忆的加深巩固（Graf，Schacter，1985）。把外显记忆看作一种直接记忆，这样会更易于理解（Baddeley，1999）。外显记忆由长时记忆构成，这种长时记忆是通过有意识的学习获得的，包括语义记忆和情景记忆。虽然这两者都是借助相同的大脑结构——海马回来形成记忆的，但是它们却属于不同的记忆类型。海马回不断地重复信息碎片，直到相应的大脑皮层接收信息，进而形成永久性记忆。

对教育工作者而言，对情景记忆和语义记忆进行区分是非常重要的。托尔文（Tulving，1999）提出，情景记忆是学生对特定事件的记忆，而语义记忆是学生对所学知识的理解。记忆的前提是理解，然而理解并不等同于记忆。为此，教师应该根据这两种记忆的特性设计教学，帮助学生习得知识，并提高学业成绩。多元化的学习体验会促使情景记忆和语义记忆的形成，与此同时，各式各样的学习体验成了记忆提取的基础。

语义记忆和情景记忆都涉及事实性知识，它们既可以存放于大脑中，又可以用语言进行解释，所以也称为可言性记忆（Bourtchou-ladze，2002）。

情景记忆

托尔文（Tulving，1985）指出，情景记忆是自我知觉的，即自主意识。情景记忆是对事件、场景和人物的记忆。情景记忆就好比一个故事，包括事件的开端、发展和结局。这些记忆都是按照时间和空间的顺序来排列的。因此，通过有意识的回忆，我们可以回想起过去的经历。大脑的海马回是情景记忆的储存所。该结构会依据事件类型、学习经历和发生地点对相关记忆进行分类。

一个对伦敦出租车司机脑部结构变化的研究，为如何改变大脑构造、增加记忆提供了依据。要成为伦敦的出租车司机，应聘者必须参加一个为期两年的培训。在此期间，培训者接受了两次脑部扫描，一次是在开始培训前，另一次是在培训结束后。通过对比发现，这些司机们的海马回结构发生了变化，两年的训练促使了他们大脑海马回的增长。并且随着驾驶经验的增加，他们的大脑还在不断地优化（Thomas，2000）。

由此可见，情景记忆是与情境相关的。研究结果表明，置身于相同的场景下去回忆相关的学习经历，更易于唤醒记忆（Baddeley，1999）。

语义记忆

语义记忆是思维性的或抽象性的。语义记忆所包含的信息不受接受信息的具体时间和空间的限制，语义记忆是非情境化的概念理解，包括事实、语言和概念。语义记忆也是通过海马回储存的。然而这个组织结构太小，不能存储所有的语义记忆，所以它把所有的资料妥善地保存在大脑皮层的相对应的区域。但这个转移的过程需要一些时间（还需要睡眠）。海马回还会对信息进行分类，以便于提取记忆。大多数学者都认为，海马回并没有参与语义记忆的提取。一个特定的学习过程会促使语义记忆的形成，语义记忆以意义为参照，不易受到干扰，抽取信息也会更迅速；但是，语义记忆的形成往往需时较长，可能几天、几个月甚至几年（Siegel，1999）。

语义记忆不是一蹴而就的，它需要多次的重复学习。形成概括性的语义知识后，记忆会相对稳定，而与之相关的特定时间和地点就会被遗忘。

要点提示：教学是以教授学生外显记忆为主的。

内隐记忆

内隐记忆也称为非可言性记忆。外显记忆是有意识的学习，与之相反，内隐记忆是偶然的或无意识的学习。内隐记忆是间接性的学习（Baddeley，1999）。这种记忆的初始阶段具有外显性，但通过多次重复学习后就会内隐了。其实就相当于，人们常常无意识地完成一些习惯性的动作，正如驾驶汽车一样，司机在驾驶的时候，会下意识地遵守交通规则。除了程序性知识以外，内隐记忆还包括情绪反应、技能习惯和刺激反应。

程序性记忆

程序性记忆是一个行为动作系统，没有时间限制，也不涉及有意识的回忆。程序性记忆也可称为肌觉记忆，但程序性记忆可以分为自发性的和非自发性的（Levine，2002）。基底节和小脑都参与了这一类型的记忆过程。

熟练的一连串动作序列，会储存在程序性记忆里。程序性记忆可以是一个自发的过程，如骑自行车、试穿鞋子；程序性记忆也可以是一个非自发性的过程，如讲述一个完整的故事情节和按照科学试验方法的步骤操作。

又比如说，在学习礼貌待人时，对别人说"请"和"谢谢"就是一个好习惯。

情感记忆

位于大脑中央的类扁桃体和丘脑距离很近。有人说，它们之间只是一个神经细胞之隔（Goleman，1995）。类扁桃体作为情感信息的加工系统，就意味着大脑能迅速地接收和过滤情感情绪——能够进入大脑皮层的信息将被用以高阶思考和进行知识再认，但在此之前，类扁桃体会首先筛选出情感信息。因此，被选出的非情感信息就会存放于类扁桃体内。类扁桃体对情感信息作出的一系列加工处理，是在我们无意识的情况下发生的。

刺激反应

作为一种反射记忆，刺激反应是对某一特定刺激作出的反应。这就好比，碰到滚烫的炉子时，你的手会马上往回收。又或者，听到别人打喷嚏时，你会马上说："上帝保佑。"学习反义词时，我说出一个单词，学生就会"不假思索"地喊出意思相反的词语。比如，我说"停"，学生就马上说"走"。训练学生对知识的反应速度，可以使用示教图片和饶舌歌（Jensen，1998）。

要点提示：内隐记忆会比外显记忆更牢固，更持久。

附录 B 图表组织方式

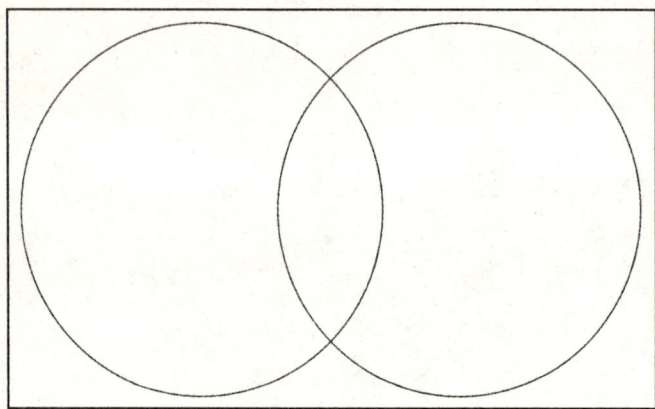

图 B. 1 韦恩图

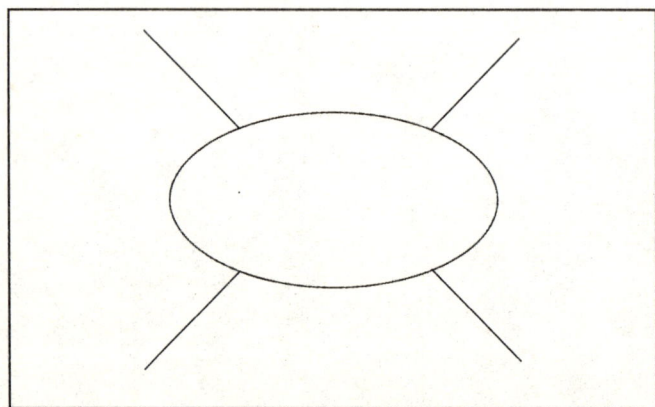

图 B. 2 思维导图

K	W	H	L	U

图 B. 3 KWHLU 图表

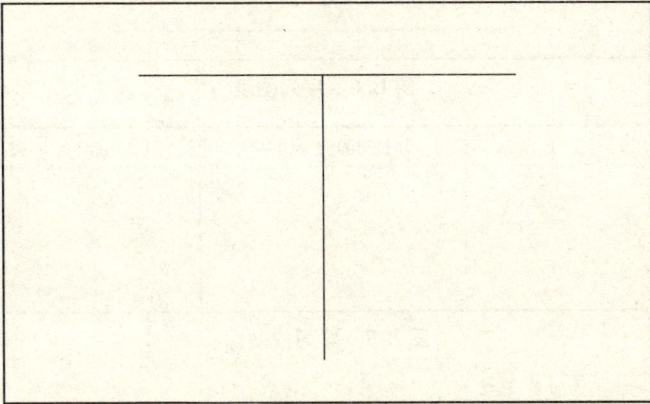

图 B. 4 T 图表

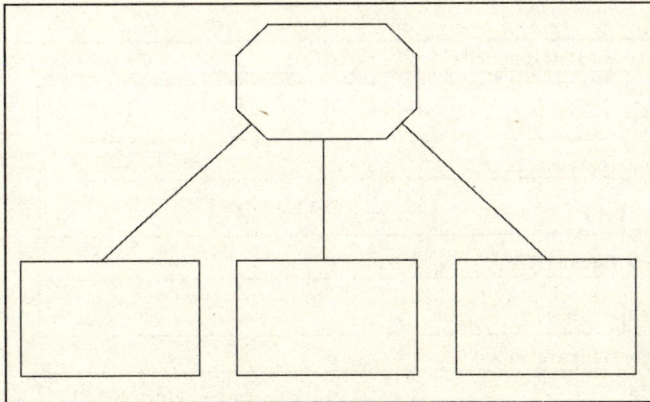

图 B. 5 层次结构图

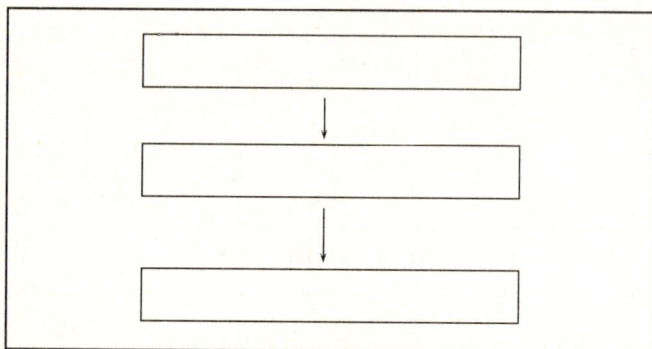

图 B.6　序列图表

Plus（加）	Minus（减）	Interesting（兴趣）

图 B.7　学习成效图

注：加：通过学习掌握了什么知识？
　　减：在学习中遇到了什么困难？有哪些不懂的地方？
　　兴趣：还有哪些是自己感兴趣的内容？

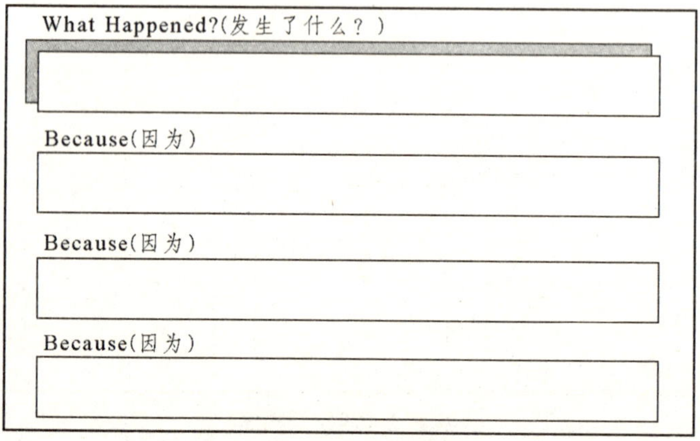

图 B.8　因果关系图表

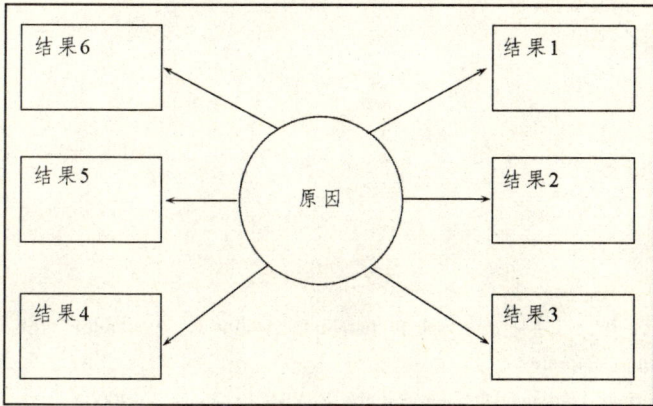

图 B. 9　因果关系思维导图

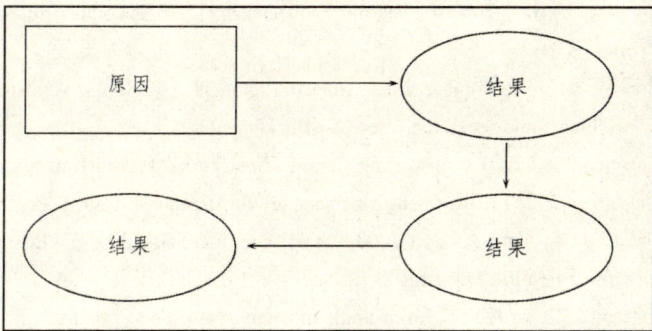

图 B. 10　因果关系链

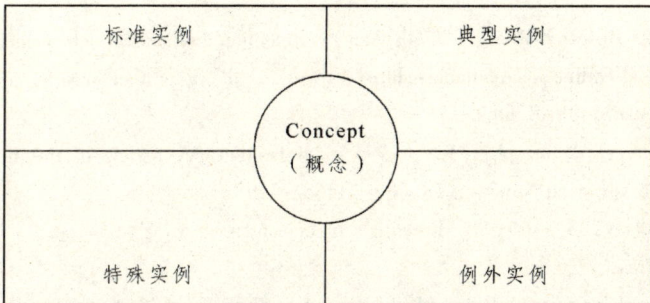

图 B. 11　举例专用图表

参考文献

ACT, Inc. (2004). Test preparation [Online]. Available: http://www.act.org/aap/testprep/

American Heritage Dictionary of the English Language. (2000). 4th ed. Boston: Houghton Mifflin.

Anderson, J. R. (2000). Learning and memory: An integrated approach 2nd ed. New York: Wiley.

Anderson, L., Krathwohl, D., Airasian, P. et al. (2001). A taxonomy for learning, teaching, and assessing. New York: Longman.

Anderson, N. (2001). Brave new brain. New York: Oxford University Press.

Arden, J. (2002). Improving your memory for dummies. New York: Wiley.

Arendal, L. & Mann, V. (2000) Fast For Word Reading: Why it works. Berkeley, CA: Scientific Learning.

Armstrong, T. (1993). Seven kinds of smart. New York: Plume.

ASCD. (2001). The brain and math [Video series]. Alexandria, VA: Author.

ASCD Research Brief. (2004, May). Retention and student achievement. Vol. 2 (11) [Online]. Available: http://www.ascd.org/publications/researchbrief/volume2/v2n11_link8.html.

Atkins, S. & Murphy, K. (1993). Reflection: A review of the literature. Journal of Advanced Nursing, 18 (8), 1188 – 1192.

Baddeley, A. (1999). Essentials of human memory. East Sussex, UK: Psychology Press.

Bangert – Drowns, R. L., Kulik, J. A., C. – L. (1983). Effects of coaching programs on achievement test performance. Review of Educational Research, 53, 571 – 585.

Barres, B. (1997). Lowly glia strengthen brain connections. Stanford University Press Release [Online]. Available: http://www.med.stanford.edu/center/communications/news_releases_html/1997/sepreleases/glial.html.

Beidel, D. C. & Turner, S. M. (1999). Teaching study skills and test–taking strategies to elementary school students. Behavior Modification. 23, 630.

Blakeslee, S. (2000, April 30). Sleep on it may be a lesson worth heeding. New York Times [Online]. Available: http://www.jsonline.com/alive/news/apr00/sleep01043000.asp.

Bloom, F., Beal M. F. & Kupfer, D. (Eds.). (2003). The Dana guide to brain health. New York: Dana.

Boud, D., Keough, R. & Walker, D. (1985). Reflection: Turing experience into learning. London: Kogan Page.

Bourtchouladze, R. (2002). Memories are made of this. London: Columbia University Press.

Bransford, J., Brown, A. & Cocking, R. (Eds.). (1999). How people learn this: Brain, mind, experience, and school. Washington, DC: National Academy Press.

Brophy, J. (1987, October). Synthesis of research on strategies for motivating students to learn. Educational Leadership, 40–48.

Bruning, R. H., Schraw, G. J. & Ronning, R. (1999). Cognitive psychology and instruction. Upper Saddle River, NJ: Prentice–Hall.

Burke, K. (1999). How to assess authentic learning (3rd ed.). Arlington Heights, IL: SkyLight.

Burmark, L. (2002). Visual literacy: Learn to see, see to learn. Alexandria, VA: ASCD.

Burrows, D. (1995). The nurse teacher's role in the promotion of reflective practice. Nurse Education Today, 15(5), 346–350.

Butler, R. (1987). Task–involving and ego–involving properties of evaluation: Effects of different feedback conditions on motivational perceptions, interest and performance. Journal of Educational Psychology, 79(4), 474–482.

Buzan, T. (1974). Use both sides of your brain. London: Penguin Books.

Cahill, L. (2004). Ten things every educator should know about the amygdala. Presentation at the Winter Learning Brain Expo, San Diego, CA.

Caine, R. & Caine, G. (1994). Making connections: teaching and the human brain. Alexandria, VA: ASCD.

Carter, C. , MacDonald, A, Ursu, S. et al. (2000, November). How the brain gets ready to perform. Paper presented at the 30th Annual Meeting of the Society of Neuroscience, New Orleans.

Carter, R. (1998). Mapping the mind. Los Angeles: University of California Press.

Casanova, U. & Berliner, D. (1986, February). Should students be made test – wise? Instructor, 95 (6), 22 – 23.

Chapman, C. & King, R. (2000). Test success. Tucson, AZ: Zephyr.

Chappuis, S. & Stiggins, R. (2002, September). Classroom assessment for learning. Educational Leadership, 60 (1), 40 – 43.

Ciardiello, A. (1998). Did you ask a good question today? Alternative cognitive and metacognitive strategies. Journal of Adolescent & Adult Literacy. 42, 210 – 219.

Cohen, J. (1999). Educating minds and hearts. Alexandria, VA: ASCD.

Colbert, B. & Knapp, P. (2000, October 18). This sucks: You're stupid: Giving negative feedback. Paper presented at the William Mitchell College of Law, Midwest Clinic Conference.

Comer, J. (2003). Transforming the lives of children. In M. Elias, H. Arnold & C. Hussey (Eds.). EQ + IQ = Best leadership practices. Thousand Oaks, CA: Corwin.

Connellan, T. (2003). Bringing out the best in others. Austin, TX: Bard Press.

Cooke, V. (1991). Writing across the curriculum: A faculty handbook. Victoria, Canada: Centre for Curriculum and Professional Development.

Costa, A. & Kallick, B. (2000). Describing 16 habits of mind. Retrieved from http: //www. habitsofrmind. net/pdf/16HOM2. pdf

Cotton, K. (2000). The schooling practices that matter most. Alexandria, VA: ASCD.

Covey, S. (1989). The seven habits of highly effective people. New York: Simon & Schuster.

Cowan, N. (2001). The magical number 4 in short – term memory: A reconsideration of mental storage capacity. Behavioral and Brain Sciences, 24, 87 – 114.

Carnnell, A. (1994). Writing in mathematics with Dr. Annalisa Crannell [Online]. Available: http://www. fandm. edu/Departments/Mathematics/writing_in_math/writing_index. html

Crew, J. (1969, Spring). The effect of study strategies of the retention of college text material. Journal of Reading Behavior, 1 (2), 45 – 52.

Crossland, R. & Clarke, B. (2002). The leader's voice: How your communication can inspire action and get results! New York: Select Books.

Crowley, K. , & Siegler, R. (1999, March – April). Explanation and generalization in young children's strategy learning. Child Development, 70 (2), 304 – 316.

Damasio, A. (1999). The feeling of what happens. New York: Harcourt Brace.

Danielson, C. (2002). Enhancing student achievement. Alexandria, VA: ASCD.

Darling – Hammond, L. (1997). The right to learn: A blueprint for creating schools that work. San Francisco: Jossey – Bass.

Defina, P. (2003). The neurobiology of memory: Understand, apply, and assess student memory. Presentation at the Learning and the Brain Conference, Cambridge, MA.

Dewey, J. (1997). How we think. New York: Dover.

Dickman, M. , & Blair, N. (2002). Connecting the brain to leadership. Thousand Oaks, CA: Corwin.

Dweck, C. (2000). Self – theories: Their role in motivation, personality, and development. Essays in Social Psychology. Philadelphia: Psychology Press.

Dye, L. (2000). Critical hours: Study shows why getting up too early may be counterproductive. ABCnews. com [Online]. Available: http://www. more. abcnews. go. com/sections/scitech/dyehard/dyehard020703. html

Eichenbaum, H. (2003). The neurobiology of learning and memory. Paper presented at the Learning and the Brain Conference. Cambridge. MA.

Eliot, L. (1999). What's going on in there? New York: Bantam.

Engle, R. W. , Kane, M. J. & Tuholski, S. W. (1999). Individual differences in working memory capacity and what they tell us about controlled attention, general fluid intelligence and functions of the prefrontal cortex. In A. Miyake & P.

Shah (Eds.). Models of working memory: Mechanisms of active maintenance and executive control (pp. 102 – 131). Cambridge: Cambridge University Press.

Erlauer, L. (2003). The brain – compatible classroom. Alexandria, VA: AS-CD.

Feinstein, S. (2004). Secrets of the teenage brain. San Diego, CA: Brain Store.

Fogarty, R. (1997). Brain compatible classrooms. Arlington Heights: Sky-Light.

Gamon, D., & Bragdon, A. (2001). Learn faster and remember more. South Yarmouth, MA: Bragdon.

Gardner, H. (1983). Frames of mind: The theory of multiple intelligences. New York: Basic Books.

Gazzaniga, M. (1999). The mind's past. Berkeley: University of California Press.

Gelb, M. (1998). How think like Leonardo da Vinci. New York: Dell.

Giannetti, C. & Sagarese, M. (2001). Cliques. New York: Broadway.

Giedd, J. (2002). Inside the teenage brain. Frontline. Boston: Public Broadcasting Service.

Glasser, W. (1999). Choice theory. New York: Perennial.

Goldberg, E. (2001). The executive brain: Frontal lobes and the civilized mind. New York: Oxford University Press.

Goleman, D. (1995). Emotional intelligence. New York: Bantam.

Goleman, D. (1998). Working with emotional intelligence. New York: Bantam.

Goleman, D., Boyatzis, R. & Mckee, A. (2002). Primal leadership. Boston: Harvard Business School Press.

Good study habits and academic performance: Findings from the NAEP 1994 U. S. History and Geography Assessments. (1997). Vol. 2 (4) [Online]. Available: http: //www. nces. ed. gov/pubs97/web/97931. asp

Gordon, B. & Berger, L. (2003). Intelligent memory. New York: Viking.

Graf, P., & Schacter, D. L. (1985). Implicit and explicit memory for new associations in normal subjects and amnesic patients. Journal of Experimental Psychology: Learning, Memory, and Cognition, 11, 501 – 518.

Graham, R. (1999). Unannounced quizzes raise test scores selectively for mid - range students. Teaching of Psychology, 26 (4), 271 - 273.

Halber, D. (2003). Basal ganglia are brain's Dr. Jekyll and Mr. Hyde. MIT Tech Talk, 47 (23).

Hamann, S. B., Ely, T., Grafton, S. et al. (1999). Amygdala activity related to enhanced memory for pleasant and aversive stimuli. Nature Neuroscience, 2, 289 - 293.

Harvey, S., & Goudvis, A. (2000). Strategies that work. York, ME: Stenhouse.

Hattie, J. (1999, August 2). Influences on student learning. Inaugural lecture, professor of education, University of Auckland [Online]. Available: http: // www. arts. auckland. ac. nz/edu/staff/jhattie/Inaugural. html

Higbee, K. (1996). Your memory: How it works and how to improve it. New York: Marlowe.

Jacobs, H. (1997). Curriculum mapping. Alexandria, VA: ASCD.

Jensen, E. (1998). Teaching with the brain in mind. Alexandria, VA: ASCD.

Jensen, E. (2001). Arts with the brain in mind. . Alexandria, VA: ASCD.

Johnson, D. (2001). Critical issue: Beyond social promotion and retention - Five strategies to help students succeed [Online]. Available: http: //www. ncrel. org/sdrs/areas/issues/students/atrisk/at800. htm

Johnson, D., Johnson R. & Holubec, E. (1994). New circles of learning: cooperation in the classroom and school. Alexandria, VA: ASCD.

Johnson, G. (2000, April 21). Learning requires sleep. St. Louis Post - Dispatch.

Johnson, N. (1995). Active questioning. Beavercreek, OH: Pieces of Learning.

Johnson, S., Baxter, L., Wilder, L. et al. (2002). Neural correlates of self - reflection. Brain, 125, 1808 - 1814.

Kahn, P. (2002). Advice on using examples of ideas [Online]. Palgrave Macmillan Ltd., Houndmills, Basingstoke, RG21, 6XS, England. Available: http: //www. palgrave. com/skills4study/html/subject_areas/maths/maths_ideas. htm

Keeley, M. (1997). The basics of effective learning. Unpublished manuscript, Bucks County College [Online]. Available: http://www.bucks.edu/~specpop/memory.htm

Kemmis, S. (1985). Action research and the politics of reflection. In D. Boud, R. Keogh & D. Walker (Eds.). Reflection: Turing nursing into learning. London: Kogan Page.

Kenyon, G. (2002). Mind mapping can help dyslexics. BBC News [Online]. Available: http://news.bbc.co.uk/1/ji/education/1926739.stm

Kerry, S. (2002). Memory and retention time. Educationreform.net [Online]. Available: http://www.education-reform.net/memory.htm

Klein, K. & Boals, A. (2001). Expressive writing can increase working memory capacity. Journal of Experimental Psychology: General, 130, 520-533.

Kohn, A. (1993). Punished by rewards. New York: Houghton Mifflin.

LeDoux, J. (2002). Synaptic self. New York: Viking.

Leonard, J. (2004). What are essential questions and how are they created? The Ihouse [Online]. Available: http://www.lth3.k12.il.us/inquiryhouse/index.htm.

Levine, M. (2002). A mind at a time. New York: Simon & Schuster.

Levine, M. (2003). The myth of laziness. New York: Simon & Schuster.

Lewis, T., Amini, B. & Lannon, R. (2000). A general theory of love. New York: Random House.

Loveless, T. (2003). The Brown Center report on American education. Washington, DC: Brookings Institution.

Marzano, R. (1992). A different kind of classroom: Teaching with dimensions of learning. Alexandria, VA: ASCD.

Marzano, R. (1998). A theory based meat-analysis of research on instruction. Aurora, CO: Mid-continent Regional Educational Laboratory.

Marzano, R. J., Pickering, D. J., Norford, J. et al. (2001). A handbook for classroom instruction that works. Alexandria, VA: ASCD.

Marzano, R. J., Pickering, D. J. & Pollack, J. (2001). Classroom instruction that works. Alexandria, VA: ASCD.

Maslow, A. & Lowery, R. (Eds.). (1998). Toward a psychology of being (3rd ed.). New York: Wiley.

Mason, D. , & Kohn, M. (2001). The memory workbook. Oakland, CA: New Harbinger.

Mateika, J. , Millrood, D. & Mitru. G. (2002). The impact of sleep on learning and behavior in adolescents. Teachers College Record, 104 (4), 704 – 726.

Merriam – Webster collegiate dictionary. (1993). 10th ed. Springfield, MA: Merriam – Webster.

National Education Association. (2003). Balanced assessment: The key to accountability and improved student learning [Online]. Available: http: //www. assessmentinst. com/pdfs/nea – balancedassess. pdf

Northwest Regional Educational Laboratory (NWREL). (2002). Research you can use to improve results [Online]. Originally prepared by Kathleen Cotton, NWREL, Portland, OR, and published by ASCD in 1999. Available: http: // www. nwrel. org/scpd/re – engineering/rycu/index. shtml

O' Connor, K. (1999). How to grade for learning. Arlington Heights, IL: Skylight.

Ogle, D. (1986). The K – W – L: A teaching model that develops active reading of expository text. The Reading Teacher, 39, 564 – 570.

Olivier, C. , & Bowler, R. (1996). Learning to learn. New York: Fireside.

Paul, R. (1993). Critical thinking: How to prepare students for a rapidly changing world. Santa Rosa, CA: Foundation for Critical Thinking.

Payne, R. (2001). A framework for understanding poverty. Highlands, TX: Aha Process Inc.

Performance Management. (1994). Feedback is critical to improving performance. Washington, DC: Office of Personnel Management.

Perkins, D. (1995). Outsmarting IQ. New York: Free Press.

Perry, B. (2000, November). How the brain learns best. Instructor Magazine [Online]. Available: http: //teacher. scholastic. com/professional/bruceperry/brainlearns. htm

Peterson, S. (2000). The nature of the young brain: How the young brain learns [Cassette recording]. Alexandria, VA: ASCD.

Pinker, S. (1999). How the mind works. New York: Norton.

Popham, W. J. (2001). The truth about testing: an educator's call to action. Alexandria, VA: ASCD.

Quartz, S. & Sejnowski, T. (2002). Liars, lovers, and heroes: What the new brain science reveals about how we become who we are. New York: HarperCollins.

Rabinowitz, J. C. & Craik, F. I. M. (1986). Specific enhancement effects associated with word generation. Journal of Memory and language, 25, 226 – 237.

Ratey, J. (2001). A user's guide to the brain. New York: Pantheon.

Restak, R. (2000). Mysteries of the mind. Washington DC: National Geographic.

Richards, R. (2003). The source for learning & memory strategies. East Moline, IL: Linguisystems.

Rodgers, C. (2002, June). Defining reflection: Another look at John Dewey and reflective thinking. Teachers College Record, 104 (4), 842 – 866.

Rogers, S., Ludington, J., & Graham, S. (1997). Motivation and learning. Evergreen, CO: Peak Learning Systems.

Rowe, M. B. (1973). Teaching science as continuous inquiry. New York: McGraw – Hill.

Rowe, M. B. (1986). Wait time: Slowing down may be a way of speeding up. Journal of Teacher Education, 37 (1), 43 – 50.

Sapolsky, R. (1998). Why zebras don't get ulcers. New York: W. H. Freeman.

Schacter, D. (1996). Searching for memory. New York: Basic Books.

Schacter, D. (2001). The seven sins of memory. New York: Houghton Mifflin.

Schenck, J. (2000). Learning, teaching and the brain. Thermopolis, WY: Knowa.

Schmoker, M. (1999). Results: The key to continuous school improvement (2nd ed.). Alexandria, VA: ASCD.

Senge, P., Cambron – McCabe, N., Lucas, T. et al. (2000). Schools that learn. New York: Doubleday.

Sevener, D. (1990, January). Retention: More malady than therapy. Synthesis, 1 (1), 1 – 4.

Shaywitz, S. (2003). Overcoming dyslexia. New York: Knopf.

Siegel, D. (1999). The developing mind. New York: Guildford.

Singer – Freeman, K. (2003). Working memory capacity. Preliminary results of research in progress. Unpublished manuscript, Purchase College, State University of New York [Online]. Available: http://www.ns.purchase.edu/psych/faculty/freeman.html

Small, G. (2002). The memory bible. New York: Hyperion.

Sousa, D. (2001). How the brain learns. Thousand Oaks: CA: Corwin.

Sousa, D. (2002). Is brain research making any difference in school [Cassette recording]. From Summer Learning Brian Expo, Audio Visual Education Network.

Sousa, D. (2003). How the gifted brain learns. Thousand Oaks: CA: Corwin.

Sprenger, M. (1999). Learning and memory: The brain in action. Alexandria, VA: ASCD.

Sprenger, M. (2002). Becoming a wiz at brain – based teaching. Thousand Oaks, CA: Corwin.

Sprenger, M. (2003). Differentiation through learning styles and memory. Thousand Oaks, CA: Corwin.

Squire, L., & Kandel, E. (1999). Memory: From mind to molecules. New York: Scientific American Library.

Stahl, R. J. (1994). Using think – time and wait – time skillfully in the classroom. ERIC Abstracts, report number EDO – SO – 94 – 3.

Sternberg, R., Grigorenko, E. & Jarvin, L. (2001, March). Improving reading instruction: The triarchic model. Educational Leadership, 58(6).

Stickgold, R., Whidbee, D., Schirmer, B. et al. (2000). Visual discrimination task improvement: A multi – step process occurring during sleep. Journal of Cognitive Neuroscience, 12(2).

Stiggins, R. (2001). Student involved classroom assessment (3rd ed.). Columbus, OH: Merrill – Prentice Hall.

Stronge, J. (2002). Qualities of effective teachers. Alexandria, VA: ASCD.

Thomas, A. (2000). London cabbies more than the full quid. News in Science [Online]. Available: http://www.abc.net.au/acience/news/stories/sl10277.htm

Tileston, D. (2000). Ten best teaching practices. Thousand Oaks, CA: Corwin.

Tileston, D. (2004). What every teacher should know about effective teaching strategies. Thousand Oaks, CA: Corwin.

Tobin, K. (1987, Spring). The role of wait time in higher cognitive level learning. Review of Educational research, 57 (1), 69 – 95.

Tomlinson, C. (1999). The differentiated classroom: Responding to the needs of all learners. Alexandria, VA: ASCD.

Tovani, C. (2000). I read it but I don't get it: Comprehension strategies for adolescent readers. Portland, ME: Stenhouse.

Tuckman, B. W. (1998). Using tests as an incentive to motivate procrastinators to study. Journal of Experimental Education, 66, 141 – 147.

Tulving, E. (1985). How many memory systems are there? American Psychologist, 40, 385 – 398.

Tulving, E. (1999). Episodic vs. semantic memory. In R. Wilson & F. Keil (Eds.). The MIT encyclopedia of the cognitive sciences. Cambridge: MA: MIT Press.

Vacha, E., & McBride, M. (1993, March). Cramming: A barrier to student success, a way to beat the system, or an effective learning strategy? College Student Journal, 27 (1), 2 – 11.

Viadero, D. (2003, October 8). Homework not on rise, studies find. Education Week, 23 (6), 16.

Wellington, B. (1996). Orientations to reflective practice. Educational Research, 38 (3), 307 – 315.

Wenglinsky, H. (2002, February 13). How schools matter: The link between teacher classroom practices and student academic performance. Education Policy Analysis Archives, 10 (12) [Online]. Available: http://epaa. asu. edu/epaa/v10n12/

Wheatley, M. (2004). Simple conversations. Presentation at the ASCD Annual Conference, New Orleans.

Whitaker, J. (1999). The memory solution. New York: Avery.

Wiggins, G. & McTighe, J. (1998). Understanding by design. Alexandria, VA: ASCD.

Williamson, A. (1997, July). Reflection in adult learning with particular reference to learning – in – action. Australian Journal of Adult and Community Education, 37 (2), 93 – 99.

Wong, H. & Wong, R. (1991). The first days of school. Sunnyvale, CA: Wong.

Zola, S. (2002). Brian - based memory in the classroom. Presentation at the learning Brain Expo, San Diego, CA.

Zull, J. (2002). The art of changing the brain. Sterling, VA: Stylus.

译 后 记

在学习过程中，记忆扮演着重要的角色。学生学习成绩的好坏，记忆的作用不可忽视。学生应该把学过的知识和技能有效地掌握和储存，以便在需要的时候提取并加以利用。尽管记忆是人们所具有的一种学习能力，但科学有效的记忆方法并不是每一个学习者都能掌握的。因此，如何教会学生掌握科学的记忆方法是许多教师共同面对的课题，《教会学生记忆》给教师提供了新颖的理念和切实可行的教学策略，具有极大的参考价值。

本书的亮点是根据大脑学习的规律，研制出一套顺应大脑运作机制和原理的记忆方法，即"记忆七步走"，分别是了解学生、反思知识、重编信息、巩固知识、运用知识、复习知识和提取知识，从而使教师能以崭新的脑科学方法教会学生记忆，以帮助学生进行有效的学习。作者在书中以深入浅出的方法，结合自己所经历的相关教学事件，介绍了在每一个记忆步骤教师可以使用的教学策略。每章的结尾部分，都有一节思考内容，提醒教师对自己使用的教学策略进行反思。译者在翻译的过程中，除了惊叹作者过人的洞察力之外，更是受益匪浅。

由于应试教育的影响，在我国，教师的教和学生的学往往围绕考试而进行。教师采取单一的、以教师为中心的教学方法，而学生则使用死记硬背的学习方法。结果是考试过后，学生很容易遗忘大部分的已学知识。这种状况令人担忧！因此，本书有关记忆的教学策略对我国中小学教师有很大的帮助，尤其是针对如何教会学生把学过的信息存储为长期记忆并进行提取的做法，具有很大的实践意义。

阅读本书，除了使我们在使用相关记忆教学策略方面获益之外，还可以给我们带来其他方面的启发。第一，教师应该关注并记录教学中的关键事件，并对此进行反思、利用；第二，教师应该了解大脑学习的有关知识，并关注脑科学研究领域的最新成果，尤其是和大脑学习、记忆相关的研究，把它用于指导教学的同时也促进自己的专业发展；第三，记忆的教学应该以学生为中心，教师使用与学生相关或者为学生所熟悉的内容，关注学生的学习动机、体验、情感等因素的影响，引导学生有效记忆。

　　《教会学生记忆》的记忆教授理念拓宽了我们的思路，开阔了我们的视野，书中有关记忆策略的步骤可行性强，希望读者在阅读本书后能对自己的教学有所帮助。

　　本书翻译人员：刘红梅承担了目录、致谢、序言及第一章至第四章的翻译；刘欣承担了第五章至第八章、附录及作者简介的翻译。湛江师范学院外国语学院院长程可拉教授对全书进行了总体审阅，在此向他表示衷心感谢。

广东省湛江师范学院外国语学院

刘红梅　刘　欣

摆渡者教师书架（现已出版部分）

丛书名称	主编或作者	书　名	定价(元)
大师背影书系	张圣华	《陶行知教育名篇》	24.90
		《陶行知名篇精选》(教师版)	16.80
		《朱自清语文教学经验》	15.80
		《夏丏尊教育名篇》	16.00
		《作文入门》	11.80
		《文章作法》	11.80
		《蔡元培教育名篇》	19.80
		《叶圣陶教育名篇》	17.80
教育寻根丛书	张圣华	《中国人的教育智慧·经典家训版》	49.80
		《过去的教师》	32.80
		《追寻近代教育大师》	29.80
		《中国大教育家》	22.80
杜威教育丛书	单中惠	《杜威教育名篇》	19.80
		《杜威学校》	25.80
		《杜威在华教育讲演》	29.80
班主任工作创新丛书	杨九俊	《班集体问题诊断与建设方略》	19.80
		《班主任教育艺术》	22.80
		《班级活动设计与组织实施》	23.80
新课程教学问题与解决丛书	杨九俊	《新课程教学组织策略与技术》	16.80
		《新课程教学现场与教学细节》	15.00
		《新课程备课新思维》	16.80
		《新课程教学评价方法与设计》	16.80
		《新课程说课、听课与评课》	16.80
新课程课堂诊断丛书	杨九俊	《小学语文课堂诊断》(修订版)	18.60
		《小学数学课堂诊断》(修订版)	18.60
		《小学综合实践活动课堂诊断》	23.60
		《小学品德与生活(品德与社会)课堂诊断》	22.80
名师经验丛书	肖　川	《名师备课经验》(语文卷)	25.80
		《名师备课经验》(数学卷)	25.60
		《名师作业设计经验》(语文卷)	25.00
		《名师作业设计经验》(数学卷)	25.00
个性化经验丛书	华应龙	《个性化作业设计经验》(数学卷)	19.80
		《个性化备课经验》(数学卷)	23.80
	于永正	《个性化作业设计经验》(语文卷)	20.60
		《个性化备课经验》(语文卷)	23.00

丛书名称	主编或作者	书 名	定价(元)
深度课堂丛书	《人民教育》编辑部	《小学语文模块备课》	18.00
		《小学数学创新性备课》	18.60
课堂新技巧丛书	郑金洲	《课堂掌控艺术》	17.80
课改新发现丛书	郑金洲	《课改新课型》	19.80
		《学习中的创造》	19.80
		《多彩的学生评价》	26.00
教师成长锦囊丛书	郑金洲	《教师反思的方法》	15.80
校本教研亮点丛书	胡庆芳	《捕捉教师智慧——教师成长档案袋》	19.80
		《校本教研实践创新》	16.80
		《校本教研制度创新》	19.80
		《精彩课堂的预设与生成》	18.00
美国教育新干线丛书	胡庆芳	《美国学生课外作业集锦》	35.80
美国中小学读写教学指导译丛	胡庆芳	《教会学生记忆》	25.00
		《教会学生写作》	22.50
		《教会学生阅读:方法篇》	25.00
		《教会学生阅读:策略篇》	24.80
提升教师专业实践力译丛	胡庆芳 程可拉	《创造有活力的学校》	22.50
		《有效的课堂管理手册》	24.00
		《有效的课堂教学手册》	32.80
		《有效的课堂指导手册》	24.80
		《有效的教师领导手册》	25.80
		《提升专业实践力:教学的框架》	30.80
教育心理	俞国良 宋振韶	《现代教师心理健康教育》	25.80
教师在研训中成长丛书	胡庆芳	《校本培训创新:青年教师的视角》	21.80
其他单行本	胡庆芳	《美国教育360度》	15.80
	徐建敏 管锡基	《教师科研有问必答》	19.80
	杨桂青	《英美精彩课堂》	17.80
	陶继新	《教育先锋者档案》(教师版)	16.80
	单中惠	《西方教育思想史》	59.80
	孙汉洲	《孔子教做人》	27.90
	丰子恺	《教师日记》	24.80
	陶 林	《家有小豆豆》	27.00

"新课程教学问题与解决丛书"荣获第七届全国高校出版社优秀畅销书一等奖!

在 2006 年全国教师教育优秀课程资源评审中,"新课程教学问题与解决丛书"中的《新课程教学组织策略与技术》《新课程教学现场与教学细节》《新课程备课新思维》和《新课程说课、听课与评课》被认定为新课程通识课推荐使用课程资源,《陶行知教育名篇》被认定为新课程公共教育学推荐使用课程资源,《课改新课型》被认定为新课程通识课优秀课程资源,《小学语文课堂诊断》被认定为新课程语文课优秀课程资源,《小学数学课堂诊断》被认定为新课程数学课推荐使用课程资源!

《西方教育思想史》荣获全国第二届教育科学优秀成果二等奖(1999)!

责任编辑　樊慧英
责任校对　张　珍
责任印制　曲凤玲

图书在版编目（CIP）数据

教会学生记忆/（美）斯普伦格（Sprenger, M. ）著；刘红梅，刘欣译. 一北京：教育科学出版社，2008.11（2012.5 重印）
（美国中小学读写教学指导译丛/程可拉，胡庆芳主编）
书名原文：How to Teach so Students Remember
ISBN 978‐7‐5041‐4264‐1

Ⅰ. 教…　Ⅱ. ①斯…②刘…③刘…　Ⅲ. ①中学生—记忆术②小学生—记忆术　Ⅳ. G632. 46

中国版本图书馆 CIP 数据核字（2008）第 164624 号

北京市版权局著作权合同登记 图字：01‐2007‐4651 号

出版发行　教育科学出版社

社　　址	北京·朝阳区安慧北里安园甲 9 号	市场部电话	010‐64989009
邮　　编	100101	编辑部电话	010‐64989449
传　　真	010‐64891796	网　　址	http://www.esph.com.cn

经　　销	各地新华书店		
印　　刷	莱芜市东方彩印有限公司	版　　次	2008 年 11 月第 1 版
开　　本	700 毫米×1 000 毫米　1/16	印　　次	2012 年 5 月第 3 次印刷
印　　张	13.5	印　　数	7 101～10 100 册
字　　数	188 千	定　　价	25.00 元

如有印装质量问题，请到所购图书销售部门联系调换。

Original English Title:
How to Teach so Students Remember
By Marilee Sprenger
Published by Association for Supervision and Curriculum Development (ASCD).
Copyright © 2005 by the Association for Supervision and Curriculum Development(ASCD).

All rights reserved.
This Chinese edition is translated and published by Educational Science Publishing House by the arrangement with ASCD.

本书中文版由 ASCD 授权教育科学出版社独家翻译出版,ASCD 不对该书翻译质量的优劣承担任何责任。未经教育科学出版社书面许可,不得以任何方式复制或抄袭本书内容。

版权所有,侵权必究